La Revolución Y Bombardeo De Barcelona En 1842... - Primary Source Edition

Anonymous

LA REVOLUCION

Y

BOMBARDEO DE BARCELONA

en 1842.

ESCRITA POR UN SARGENTO PRIMERO, QUE ERA EN
AQUELLA ÉPOCA, DEL BATALLON DE ARTILLERIA DE LA MILICIA
NACIONAL DE ESTA CIUDAD.

Barcelona:

IMPRENTA DE A. ALBERT, CALLE
NÚM. 30.—AÑO

Preliminar.

Los hechos memorables, sean cuales fueren los resultados que hayan podido emanar, escritos por una pluma severa é imparcial que refiriéndolos tales como pasaron sin aducir ni esforzar su elocuencia para hacer balancear, ó mas bien inclinar el ánimo del lector á banderia determinada deja libre, trillado el sendero al juicio y buen criterio de la posteridad, han sido en todas épocas y tiempos encomiados y preferidos á los producidos por el espíritu de partido.

Es indudable que la historia de nuestro s tan fecundo en acontecimientos y reyertas intes-

..as, reyertas que por repetidas veces salpicaron la tierra con la sangre de sus mismos naturales donde estas pasaron , ha de ser buscada y acogida con el mayor afan. En la dura precision , en los azorosos momentos que las circunstancias nos han colocado , tanto mas de desear es su publicacion , en cuanto su fiel y verídico relato de la no interrumpida serie de acaecimientos , su origen, progreso é ilacion , ha de contribuir poderosisímamente á calmar los ánimos de la multitud y en especialidad de los Catalanes agitados aun por el cruel é inmerecido rigor con que los actuales gobernantes se han propuesto tratarnos.

Cuando se vé, que una reforma se hace necesaria , y ha sonado la hora de plantearla , nada ñ detiene ni arredra. Si en aquellos críticos momentos pudiesen los hombres entenderse abjurando todos sus pasados estravíos , ó si á lo menos cediesen unos lo superfluo y se contentasen otros con lo mas preciso y necesario ; las revoluciones en este caso no serian mas que un tratado , un convenio amistoso , y el que tomára á su cargo analizarlas , describirlas , no tendria que recordar escenas sangrientas ni espantosas catástrofes , contentándose con presentarnos á la humanidad mas salva , libre y dichosa. Desgraciadamente los anales de los pueblos guardan un religioso silencio sobre la verdad de este punto , ni mucho menos ofrecen un egemplo de esta sabia virtud en los sacrificios.

Antes de la revolucion, (*) Barcelona presentaba un cuadro muy atractivo y halagüeño; por do quier aparecian como por encanto nuevos manantiales de ornato y brillantez. Sus mejores y mas concurridas calles recientemente iluminadas por el gas, daban un asombroso realce á los infinitos artículos de utilidad y buen gusto que encerraban sus espaciosas tiendas que á cada paso se encuentran. Despues del fatal bombardeo, (**) ¿ que le queda de su antiguo esplendor, de su pulcritud, de su belleza?

El espectador aparta la vista horrorizado al fijar sus ojos en el cuadro de desolacion y espanto que ofrece la Capital de Cataluña. Muchas calles están salpicadas con negra sangre, bocanazos de fétido y denso humo arrojados por todos los ángulos de cien edificios signo fatal de la ardiente llama que devora su seno, apaga la luz del dia; otros no son mas que un monton de ruinas sirviendo de peana mutilados cadáveres de ancianos tal vez, de tiernos niños que ni tiempo tuvieron para abrir sus ojos á la razon!!!!! La pluma se me cae de la mano al describir tan horrorosos sucesos! Y sin embargo son Españoles

(*) 15 Noviembre de 1842. (**) 3 de Diciembre del mismo año.

los que han tenido sangre fria, que no han titu-
beado quizás á llevar á cabo una disposicion tan
atroz!!!!! Mas adelante veremos si el bombardear la Ciudad era el único medio que se ofrecia
á nuestro Gobierno para cortar la hidra de la revolucion, para hacer entrar Barcelona en el círculo de la ley.

Sin otra mira ni interés que el de ser útil á mi
patria y animado del mas vivo deseo del acierto,
me he determinado presentar este opúsculo, bien
convencido de que á pesar de su desaliñado estilo, y de la poca ó ninguna elegancia que en el
campea, habré contribuido á lo menos á que
tanto los Nacionales como Estrangeros, á su simple lectura, formen de nosotros un concepto mas
digno y elevado, descartándose de todo espíritu
de partido ú de provincialismo mal terrible que
corroe nuestra trabajada Nacion y que acabará
por destruirla.

Antes de entrar en materia debo hacer una
pequeña observacion y es, que habiendo los periódicos de esta Capital tratado con mas ó menos
acierto é imparcialidad los sucesos de que acaba
de ser teatro, me he valido de cuantos escritos
he creido conducentes para el buen arreglo y
compilacion de este relato.

INTRODUCCION.

———

Según todas las probabilidades, dos son las fuentes principales de donde ha podido dimanar el verdadero orígen de la Revolucion que estalló en Barcelona la noche del 13 de Noviembre de 1842. El «*Papagayo*» periódico en sentido moderado que se publicaba en esta Ciudad pudo contribuir con sus insidiosas doctrinas á predisponer los ánimos contra todas las autoridades constituidas, porque no habia reputacion por bien sentada que fuese que estuviera al abrigo de su pluma mordáz. Fuese ó no verdad cuanto estampaba en sus columnas, lo cierto es que su lectura causaba un descontento general; á los unos, porque aprendian que muchos que blasonabán de patriotas lo eran tan solo para atrapar un destino; á los otros, porque les manifestaban con todos los pelos y señales que el empleado A , tenia las uñas demasiado crecidas , que la autoridad B , no le iba en zaga ; y así de lo demas. Lecciones de esta naturaleza tarde ó temprano habian de producir sus perniciosos efectos.

El orígen de esta revolucion , puede dimanar tambien de un aviso que el Excmo. Ayuntamiento Constitucional de esta Ciudad hizo insertar en los periódicos el dia 1º de Noviembre del mismo año 1842. El aviso que se hace referencia está concebido en los términos siguientes: «*El que quiera tomar á su cargo la construccion de diez mil bolas de boj para sorteos , acuda á las casas consistoriales mañana á las diez de la misma , donde estará de manifiesto el modelo, y se rematará la obra á favor del licitador que mas ventajas ofrezca.* »

Sin embargo de ser conocido el objeto al cual se destináran esas diez mil bolas de boj, cual era para la estraccion de loterías , mucha parte del pueblo no lo creyó así , movido quizás al impulso de una mano oculta y traidora enemiga del sistema que nos rige y que tan sabiamente ha sabido en ciertas épocas alucinarlo á espensa de su buena fe y credulidad. Si otra cosa no probase la connivencia, la complicidad que pudo tener el aviso en cuestion en aprontar materiales para la revolucion que estalló á los doce dias de su aparicion, bastaria recordar que la noche del dia 14 al momento en que un crecido número de Nacionales negaron la obediencia á sus gefes en la Plaza de S. Jaime, dejábase apercibir entre la confusa gritería *fuera las bolas de boj, fuera la quinta.* En hora menguada dió el Exmo. Ayuntamiento un paso tan ligero como desacertado!

Ahora, el que dió el mas tremendo empuje al carro de la revolucion fué el Gefe Superior Político procediendo á la captura de unos cuantos ciudadanos reputados por republicanos, sin ninguna deferencia á las leyes, y conducidos á la cárcel pública como criminales. Hasta ahora, por lo menos, nadie ha podido saber el delito que perpetraron.

El partido moderado lanzóse brioso á la palestra, tomó una parte muy activa en la revolucion del dia 15; y tanto mas de creer es este aserto, en cuanto pudo notarse con harta facilidad á varios de sus coriféos empuñar un fusil detrás de las barricadas y hacer fuego contra el ejército cuantas veces intentó apoderarse de los puntos que ocupaban. Pudieron muy bien resolverse hacer abnegacion de sus principios por un momento haciendo causa comun con el pueblo, y por esto

mismo, quien sabe si entraba en sus cálculos otra
mira, otro interés que el de defender sus propiedades, sus familias que creian vacilantes y en
grave riesgo de ser saqueadas y destruidas por el
ejército. Nadie ignora ya la rapidez con que cun-
dió esta voz por todos los ángulos de Barcelona.
El saqueo se atribuye prometido por el General
Zurbano á las tropas, y sin embargo es la mas
atroz impostura. Mas adelante tendremos ocasion
de ocuparnos de este último punto.

La conducta observada por el Consul de
Francia, Mr. Lesseps, en el período de la revolucion, ha sido objeto de largos y acalorados debates. Me parece increible que dicho Consul tra-
bajase por el restablecimiento de *María Cristina*
en Barcelona de cuya Ciudad la mayor parte de
sus mas acérrimos defensores se habian largado
ya á las veinte y cuatro horas de haber estallado
la revolucion; y los otros, poco amigos de la zam-
bra estaban ocupándose en el arreglo de sus equipages. Para llevar á efecto semejante plan preciso
era contar con las autoridades que en aquella ocasion mandaban en Barcelona, y con la Milicia Nacional única fuerza armada que podia robustecer
su pretension. Con tan contrarios elementos, ¿podia Mr. Lesseps esperar un feliz resultado? ¿Hubiera nunca arrastrado las simpatías de los individuos que formaban la Junta Popular y de los

jóvenes entusiastas por la libertad que empuñaban las armas? Imposible. ¿Como podemos, pues, creer eso?

El partido republicano iba robusteciéndose cada dia mas y mas, efecto de la torcida marcha y administracion de los hombres que dirigen hoy dia el timon del estado. Los progresistas abandonaban á su partido, porque iban conociendo que al fin y al cabo obraba á la par que los moderados. Hé aquí esplicada la causa porque los republicanos trabajaban con tanto ahinco, con tanto afan para manifestar á la España toda, su valimiento, su pujanza; pero la señal no estaba dada aun, mucho faltaba para dar el golpe.

Es indudable que la revolucion que estalló en Barcelona la noche del 13 de Noviembre fué obra del partido republicano, y sino que se diga de que color eran las autoridades que tomaron el mando de la Capital. Que la revolucion abortó, que no habia ningun plan combinado, lo prueba el haber la Junta, llamada *Popular Directiva*, enviado emisarios dentro y fuera del Principado despues de haber transcurrido cinco dias que el poder habia cambiado de mano en Barcelona. Se ha de confesar que esos emisarios carecian de suficiente prestigio, de conocimientos para llevar á cabo con la mayor cautela su arduo y peligroso cometido; posteriormente se ha venido en conocimiento que muchos de ellos dejaron aun de cumplirlo.

Hé aquí, pues, una revolucion sin plan premeditado, sin gefes que la guiasen á los primeros momentos, entregada tan solo al azár, á la volubulidad é inconstancia de la fortuna, y sin embargo, quien sabe hasta donde hubiéramos ido á parar, el rumbo que hubiera tomado nuestro horizonte político si se colocáran á su frente hombres de direccion así como les sobraba de valor y de movimiento. El destino lo habia dispuesto así.

Vamos á entrar de lleno en la gran cuestion.

Al oscurecer del domingo 13 de Noviembre de 1842 promoviéronse en la puerta del Angel contestaciones entre varios jornaleros que introducian algunas cortas cantidades de vino y los dependientes del resguardo; la guardia de dicha puerta trató de poner en paz á los contrincantes consiguiendo al fin despejar los grupos. Posteriormente formáronse de nuevo en la Plaza de la Bocaría y Constitucion; púsose la fuerza del ejército sobre las armas, corrieron á sus principales varios Nacionales, y á las diez y media horas algunos tiros disparados en la Plaza del Angel difundieron la alarma por todos los ángulos de la Ciudad. En la misma hora iba reuniéndose el Exmo. Ayuntamiento Constitucional sin tomar por el momento disposicion ninguna que tranqui-

lizára al pueblo. Entre tanto se reunían al principal del tercer batallon varios paisanos armados
y nacionales de otros cuerpos.

Por todas las calles inmediatas á la Plaza de
S. Jaime recorrian grupos de gente armada que
detenian á cuantos militares transitaban por las
mismas, que se retirarian seguramente á sus casas por ser una hora bastante adelantada de la
noche, conduciéndoles, si bien que con el mayor
comedimiento, al principal del espresado batallon. Pocos momentos despues alzóseles el arresto.

El Señor Gefe Político circunvalóse de una
fuerza respetable del ejército : presidió la sesion
del Ayuntamiento y dispuso acto contínuo la captura de los redactores del periódico el *Republicano* y otros individuos que en aquella redaccion
fueron encontrados.

Serian las dos de la madrugada del 14 cuando
se dispersaron los grupos retirándose todos si bien
que con el mayor desosiego é indignacion á sus
casas. En la mañana de este dia la Ciudad estaba
en una fermentacion muy visible, los semblantes
de sus moradores despavoridos y recelosos. En
distintos puntos se veia á la fuerza militar sobre
las armas, y una respetable fuerza de infantería y
caballería guardaba la entrada de la habitacion del
Señor Gefe Político. Grupos considerables de paisanos y en mucho mayor número que la noche

anterior dirigiéronse á la Alcaldía Constitucional pidiendo la libertad de los aprendidos durante la noche. La guardia que custodiaba aquel punto (*) cerró con sus cuerpos el paso á la multitud diciendo con la mayor serenidad y sangre fria, que antes de atropellar aquel recinto preciso era pasar primero por en cima de sus cadáveres. La guardia caló bayoneta esperando impávida la muerte que creia inevitable. A vista de una resistencia tan audaz y teniendo tal vez en consideracion que era parte del pueblo mismo que defendia aquel punto, cesó de gritar la multitud entrando en esplicaciones con el cabo de la guardia quien al momento escuchó. Se convinieron en que una comision compuesta de cinco jóvenes acompañada de un Concejal pasase á solicitar del Señor Gefe Político la escarcelacion de los apresados en la redaccion del *Republicano*. Esta autoridad al oir tal demanda arrestó la comision en el acto. Apenas supo el pueblo tan estraño proceder, rompió los diques á la rabia y encono que á duras penas habia por un momento podido refrenar, dando el grito de *á las armas*.

Seria la una de la tarde cuando empezó á oirse el toque de llamada. La M. N. formó en sus cuarteles y parte de ella no salió sino hasta el

(*) Se componia de seis individuos y un cabo de la M. N.

anochecer dirigiéndose con el mayor órden á la Plaza de la Constitucion donde formó en batalla. Los batallones que allí se reunieron eran el 2?, 6?, Artillería con la Batería rodada y Zapadores ; esta fuerza estaba bajo las órdenes de D. Nicanor de Franco, Comandante de Artillería. Cuando la Autoridad creyó oportuno hacer retirar la M. N., pasó un aviso al Comandante de aquella fuerza para que mandase desfilar con el mismo órden con que habian entrado en la Plaza. Tócose redoble, y apenas el Gefe dió la voz de *marchen,* cuando por todas partes se rompieron las filas impidiendo varios Nacionales el paso á los que intentaban salir. Aquello era una confusion, un desórden el mas espantoso. Negáronse obedecer á los Gefes gritando que no les querian, que les engañaban ; querian saber decian porque les habian hecho formar y porque se retiraban. Desgraciadamente no fueron contestadas estas voces, por lo que la sedicion tomó un pié mas terrible.

A las siete de la noche se publicó con todo el aparato militar un bando del Gefe Superior Político concebido en estos términos :

Barceloneses.

« En la noche de ayer fue alterado el órden público de esta hermosa y populosa Capital por algunos sediciosos y mal avenidos con las leyes y tranquilidad de la poblacion. El desórden comenzó por insultar y apedrear á la guardia de la puerta del Angel, segun parte que recibí del Excmo. Sr. General y Gobernador de esta Plaza. Dispersados los grupos de los alrededores de aquella guardia, se formaron otros en las puertas de las Casas Consistoriales, yendo algunos de ellos armados de escopetas y fusiles, que la benemérita guardia de la M. N. establecida en aquella casa, supo contener.

Avisado por el parte de dicho General, marché inmediatamente con una fuerte escolta de tropas á reforzar aquel punto; y á la entrada de la Plaza de S. Jaime, fuí insultado por algunos grupos que aun quedaban en la misma, gritando á la guardia que no se me recibiera. En seguida se me disparó un tiro, y á la voz que dí á las tropas para que cargasen á discrecion, se dispersaron y abandonaron la Plaza. Inmediatamente se reunió el benemérito Ayuntamiento Constitucional, quien con su patriotismo y amor al órden legal acreditados, tomó algunas disposiciones en union con mi autoridad. Algunos nacionales ya fuesen seducidos, ó ya de aquellos que deshonran el uniforme que visten, y manchan con sus manos las armas que la patria les diera para su defensa y conservacion del reposo público, sin permiso de autoridad alguna y amotinados, se presentaron en el cuartel del tercer batallon, encontrándose entre ellos algun oficial y nacionales con fusiles pertenecientes á otros batallones.

Esta fuerza se dispersó por sí misma cuando supo que la autoridad iba á prenderlos y hacerlos entrar en el órden legal, sin embargo no dejaron de ser presos en la redaccion del *Republicano* algunos de quienes se tiene datos para creer que fueron los promovedores y cabezas de motin. A las seis de la mañana me retiré á mi casa mandando las tropas á sus cuarteles con la satisfaccion de que quedaba restablecida la tranquilidad pública á lo cual han contribuido eficazmente las Autoridades y todas las fuerzas del Ejército y Milicia Nacional. Esta no solo contribuyó con apoyar á las autoridades cuando fué llamada por las mismas, sino que en su gran mayoría, despreciando á los revoltosos, se mantuvo tranquila en sus hogares, dispuesta á no tomar las armas sino cuando fuese llamada por la legítima autoridad; y no puedo menos de aprovechar esta ocasion para dar las gracias á nombre de la patria á estos beneméritos.

Desgraciadamente ha vuelto á alterarse el órden público en el dia de hoy, reuniéndose muchas gentes en las Casas Consistoriales, pidiendo amotinadamente la escarcelacion de los sugetos que mi autoridad hizo prender, ó una satisfaccion por mi conducta. De aquel motin se han destacado cinco jóvenes, obligando á venir en su compañía á mi despacho, á un Regidor Constitucional en representacion de lo que estos miserables llaman el pueblo, y desgraciadamente para ellos han encontrado toda la firmeza de carácter en mi autoridad para que lejos de acceder á sus criminales ecsigencias, haya decretado su arresto, á fin de que sean entregados á los tribunales.

En virtud de cuanto llevo espuesto, y amenazando todavía continuar alterado el órden público, con arreglo á las facultades que las leyes me conceden como autori-

dad encargada para la conservacion del mismo ORDENO
Y MANDO.

Artículo 1º Queda prohibida la reunion de la fuerza
armada de la Milicia Nacional, sin que sea llamada por
la autoridad local competente de quien depende segun
las leyes.

2º Los gefes de los cuerpos y oficiales de la misma
Milicia Nacional, son responsables personalmente ante
las leyes, si convocan ó reunen fuerza alguna armada,
sin que sea á peticion de dicha autoridad local.

3º Toda fuerza armada que no sea del ejército permanente ó de la Milicia Nacional local autorizada competentemente como arriba se espresa, será detenida y
arrestada en el cuartel de Atarazanas hasta dar conocimiento á mi autoridad.

4º Queda prohibida la reunion de mas de diez individuos en las plazas y calles públicas de esta Ciudad, los
cuales si despues de tres previos avisos no se disuelven y
retiran, las patrullas y demas fuerza armada destinada á
la conservacion del órden público, los dispersarán á viva
fuerza, arrestando á todo el que pueda aprehenderse y
conduciéndole á dicho cuartel de las Atarazanas, á fin
de que todos estos sean entregados á los tribunales y
juzgados con arreglo á las leyes, y particularmente á la
ley 5ª, título 11, libro 12, de la Novísima Recopilacion.

5º Las disposiciones arriba contenidas, quedarán en
su fuerza y vigor para los efectos de dicha ley en seguida de publicarse el bando, lo cual se ejecutará con la
mayor solemnidad con arreglo á las leyes y costumbres
del pais. Barcelona 14 Noviembre de 1842.

El Gefe Político,

Juan Gutierrez.

Esta proclama fué muy mal recibida por los de la plaza en términos que la escupieron, arrollaron y acabando por echarla en un inmundo lodazal. Ya no se pensó mas que en defenderse de una agresion que creian muy cercana; sin nadie quien allí mandase, sin que hubiera quien hiciese allí oir su acento, guiados tan solo por el instinto de su propia conservacion y seguridad, empezaron abrir zanjas, levantar formidables parapetos por todas las bocas-calles contiguas á la plaza, arrastrar con toda la fuerza que es capaz el hombre en estos momentos, los pedestales y enormes moles de colunnatas que arrinconadas estaban bajo el pórtico de las Casas Consistoriales, las cuales han de servir para embellecer y adornar su fachada, colocándolas por todas sus avenidas último baluarte que les quedaba. Todos los puntos estaban tomados, los centinelas tenian la consigna de impedir á todo trance la salida de cuantos se encontraban allí, ceder el paso á todos los paisanos armados que quisiesen reunirse con ellos, y hacer fuego contra el ejército viniese de donde viniese. Sin embargo de tan severas órdenes y á proporcion que iba adelantándose la noche, fuese que los Nacionales estuviesen fatigados de tantas horas de formacion, ó bien que no simpatizacen con los amotinados, lo cierto es que á las dos de la madrugada del 15, de 4000 hombres que se reunieran al anochecer, apenas formaban 80.

No queriendo por ningun estilo desocupar la plaza sin que estuviesen en libertad los presos de la noche anterior, y no habiendo quien quisiesa presentarse al Señor Gefe Político para renovar esta demanda, determináronse á ello el Capitan de la cuarta compañía del 2? Batallon y el Sargento primero de la Batería rodada deseosos de arrostrar todos los compromisos para poner término á tan duro conflicto. Llegado que hubieron á presencia de la Autoridad, á quien encontraron en su despacho calentándose en el brasero junto con los Génerales Van-Halen, Zurbano y Zabala, el Alcalde 1? Constitucional, el Mayor del tercer batallon de la M. N. y otro personage á quien no pudieron conocer, manifestaron con el mayor respeto el objeto de su venida. El Gefe Político no tuvo á bien acceder á lo que se pedia, añadiendo que si al amanecer del mismo dia no se retiraban los sublevados de los puntos que ocupaban y no se retiraban á sus casas, mandaria al ejército atacar la Plaza y los que fuesen aprendidos serian tratados con todo el rigor de la ley; y concluyó diciendo , Vdes. que alternan con ellos procuren disuadirles de esté laberinto en que se han metido, que se retiren y todo se compondrá, pero que sea pronto. Retiráronse los Nacionales con el corazon oprimido de dolor viendo la infructuosi-

dad del paso que acababan de dar porque augu-
raban la espantosa catástrofe que iba á suceder.

A las ocho y media de la mañana del 15
rompióse el fuego en la Platería y se propagó por
casi toda la ciudad. En la calle del Conde del
Asalto dió la caballería del ejército una carga que
la hizo blanco de tiros y pedradas con que la
hostilizaron desde las casas, viéndose obligada á
retirarse á escape y con pérdida considerable por
la muralla de tierra. Aun hoy dia se vé retratada
en la pared de la casa habitacion del primer bajo
cantante Sr. Marini, la mano derecha y ensangren-
tada del infeliz alferez D. Francisco Cortés que
mandaba aquella fuerza. Exánime y sin aliento,
arrimado contra la pared acabó allí sus dias.
Apoderóse la multitud de las lanzas que los soldados al emprender el escape arrojaron, las cuales
fueron llevadas en triunfo y colocadas formando
pabellones encima las barricadas. La voz del saqueo habia cundido ya por toda la ciudad y desde este momento los Barceloneses no se batieron
para sostener este ó aquel partido, sino por defender sus familias y sus propiedades que veian en
grave riesgo amenazadas. Es de todo punto inec-
sacto lo que se dice del general Zurbano de haber
prometido el saqueo á las tropas, como y tambien
de haberle muerto su caballo en la Platería; Zurbano, durante el fuego nunca se separó del gene-

ral en gefe Van-Halen que estaba apostado en la Rambla, y malamente podia prometer el saqueo cuando no era él el que mandaba.

Lo que si es cierto, que la tropa se desmandó en la calle de la Platería. Algunos soldados atropelláron la casa del platero Sr. Solá robándole por el valor de 300 duros, haciendo mil pedazos de un magnífico tocador y descargando furibundos golpes sobre el dueño de la casa y su señora; invadieron tambien la tienda del Sr. Trias sita en la misma calle cometiendo mil ecsesos; la del Sr. Cuxart tuvo la misma suerte, y como solo encontrásen al dueño de la casa acurrucado en un rincon, le arrastraron en medio del aposento haciéndole arrodillar y en ademan de fusilarle. En la calle de la Enseñanza sucedió otro tanto; penetraron en la casa número 6 donde habitaba un infeliz cartero y se llevaron cuanto dinero y otros efectos pudieron encontrar; en la casa número 7 donde vive un carbonero verificáron lo mismo; iba á suceder lo propio en la habitacion de enfrente, cuando el fuego mortífero que vomitaban las azoteas de la calle de Santo Domingo vino á poner valla á los desmanes de la soldadesca desenfrenada.

Al apoderarse el regimiento de Saboya, á pesar de los claros que esperimentaban sus filas y de haber muerto de un balazo á su Coronel Comandante, del convento de la Enseñanza, prevencion del batallon nº 4º de la M. N., hizo prisionera á toda la compañia de cazadores del espresado batallon que se encontraba en aquel recinto, sin que valiese el convenio ú estipulacion celebrada antes de romperse las hostilidades entre el general Van-Halen y el capitan de la referida compañía. En virtud de esa estipulacion se habia acordado que los Nacionales que custodiaban el convento no hostigarian de modo alguno al ejército, pero que tambien serian rigurosamente respetados dado caso que el ejército llegase apoderarse de aquel punto. Paraque en lo mas duro de la refriega no pudiesen los Nacionales echar mano de sus fusiles, mandó el capitan deponerlos en el salon de Mayoría cuya llave tuvo la prevencion de guardar en su bolsillo. Todo fué en vano ; los soldados poseidos en alto grado del mas iracundo furor, invaden el convento y empiezan á bayonetazos con los primeros que se les presentan. El capitan de Nacionales rueda por el pavimento anegándose con su propia sangre, el Teniente tiene su cabeza casi separada de su tronco, varios individuos son gravemente heridos y quien sabe el fin que hubiera tenido esta compañía inerme si los gefes de aquella fuerza no hubiesen corrido á aplacar su saña.

El ejército iba ganando terreno á duras penas por el convento de la Enseñanza y calle del Call, mas tuvo al fin que detenerse, y se dió al mediodía la órden de retirarse la tropa á sus cuarteles; pues en la última calle hasta las mugeres echaban agua hirviendo por las ventanas.

Al toque de rebato que desde que se empezó el fuego no cesó un instante, se reunieron extramuros los Nacionales de Gracia, Sarriá, del llano del Llobregat y de otros puntos ansiosos de defender á sus hermanos de Barcelona y hallando cerradas las puertas, cual valientes *Almugávares* escalaron las murallas por la del Angel, habiéndose de antemano apoderado del Fuerte Pio.

A las cuatro de la tarde salieron de Atarazanas y se dirigiéron hácia la Ciudadela por la muralla de Mar, el Gefe Político y los generales Van-Halen y Zurbano. A poco rato los milicianos situados en el convento de la Merced, empezaron á hacer fuego á cuantos militares pasaban por dicha muralla.

Al anochecer del mismo dia, la tropa poseia únicamente la Ciudadela, las Atarazanas, el cuartel de Artillería y el castillo de Monjuich; sin que pudiesen comunicarse estos puntos, ni proveerse de víveres. Toda la ciudad estaba sobre las armas, las calles cortadas por zanjas y obstruidas por espesas barricadas, y el Pueblo al parecer dispuesto á hacer una resistencia mas obstinada aun que la del dia anterior.

El pueblo sufrió pocas desgracias en razon de haber hecho casi siempre fuego detrás de parapetos; pero la tropa sintió grandes pérdidas sobre todo en la clase de gefes, ascendiendo segun el cálculo mas prudente, á quinientos entre muertos y heridos, y entre ellos algunos gefes superiores.

He aquí el estado presentado por el gefe de E. M. G. que manifiesta los muertos, heridos y contusos que tuvieron los cuerpos que se hallaban de guarnicion en Barcelona, en las ocurrencias del 15, y en las del 16 y 17 de Noviembre.

Regimiento de Saboya.

MUERTOS. — 1 gefe, 4 oficiales y 11 individuos de tropa.
HERIDOS. — 6 oficiales, 49 individuos.

Regimiento de Zamora.

MUERTOS. — 2 oficiales y 10 individuos.
HERIDOS. — 7 oficiales y 55 individuos.
CONTUSOS. — 1 gefe, 6 oficiales y 4 individuos.

Regimiento de Almansa.

MUERTOS. — 1 oficial y 3 individuos.
HERIDOS. — 1 oficial y 15 individuos.

Regimiento de Guadalajara.

MUERTOS. — 1 gefe y 3 individuos.
HERIDOS. — 1 gefe, 1 oficial y 5 individuos.
CONTUSOS. — 1 individuo.

Primer regimiento de Artillería:

HERIDOS. — 1 oficial.

Primera brigada montada.

HERIDOS. — 2 caballos y 1 mula.

Primera brigada de montaña.

MUERTOS. — 1 mula.
HERIDOS. — 1 oficial y 1 mula.

Ingenieros.

MUERTOS. — 1 oficial.

Guias de S. E.

MUERTOS. — 1 individuo.
HERIDOS. — 7 individuos.

Escolta de S. E. del Infante.

HERIDOS. — 3 oficiales y 2 individuos.—1 caballo contuso.

Escolta de España.

HERIDOS. — 1 oficial , 1 individuo y 3 caballos.
CONTUSOS.—2 caballos.

Caballeria núm. 4º

MUERTOS. — 1 individuo.
HERIDOS. — 2 individuos y 1 caballo.

Caballeria núm. 12º

MUERTOS. —1 oficial , 2 individuos y 1 caballo.
HERIDOS. — 4 individuos y 7 caballos.
CONTUSOS.—2 oficiales y 2 individuos.

Estado Mayor.

MUERTOS. — 1 caballo.
HERIDOS. — 1 gefe y contuso otro.

Total de muertos.

2 gefes, 9 oficiales, 31 individuos, 2 caballos y 1 mula.

Idem heridos.

4 gefes, 21 oficiales, 140 individuos, 13 caballos y 2 mulas.

Idem contusos.

2 gefes, 8 oficiales, 7 individuos y 3 caballos.

Sigue á este estado la relacion de los señores gefes y oficiales que fueron muertos, heridos y contusos en la mismas acciones.

Regimientos, clases, nombres.	Muer.	Her.	Con.
Comandante de Estado Mayor, Teniente Coronel, D. Antonio Terrero.	»	»	1.
Idem adicto idem, Mayor D. Juan Mucha.	»	1.	»
Saboya.			
Teniente Coronel, D. Ramon Sanchez Bárcena.	1.	»	»
Capitan, D. José María Cortés.	1.	»	»
Otro, D. Magín Matheu. . . .	1.	»	»
Otro, D. Ramon de La Madrid.	»	1.	»
Otro, D. Francisco Lostaló. .	»	1.	»
Teniente, D. José Bujones. . .	1.	»	»
Subteniente, D. Fernando Castro.	1.	»	»
Otro, D. Juan Serralta.	»	1.	»
Otro, D. Francisco Muñoz. . .	»	1.	»
Otro, D. Antonio Telles. . . .	»	1.	»
Otro, D. Bernardino Martinez.	»	1.	»
Zamora.			
Comandante, D. Francisco Bisonto.	»	»	1.

Regimientos, clases, nombres.	Muer.	Her.	Con.
Capitan, D. Miguel Resa. . . .	»	1.	»
Otro, D. Juan Zaragoza. . . .	»	1.	»
Otro, D. Rafael Albernis. . . .	»	»	1.
Teniente, D. Antonio Maria del Campo.	»	1.	»
Otro, D. Manuel Garcia. . . .	»	»	1.
Otro, D. José Taulon.	»	»	1.
Otro, D. Francisco Macías. . .	»	»	1.
Otro, D. Manuel Viliers. . . .	»	»	1.
Otro, D. Cándido Pieltain. . .	»	»	1.
Subteniente, D. Emilio Bochero.	1.	»	»
Otro, Martin Montoy.	1.	»	»
Otro, D. José Espinosa.	»	1.	»
Otro, Santiago Fortuño. . . .	»	1.	»
Otro, D. Angel Navazquez. . .	»	1.	»
Otro, D. Francisco Grillot. . .	»	1.	»

Almansa.

Teniente Coronel, D. Ramon Infantes.	»	1.	»
Mayor, D. Francisco Escobar.	»	1.	»
Teniente, D. Andres Cefell. .	1.	»	»
Subteniente, D. Benito Cancio.	»	1.	»

Guadalajara.

Teniente Coronel, D. Lucas Masot.	»	1.	»
Teniente, D. José Bota. . . .	»	1.	»
Primer Comandante, D. Jaime Travesa.	1.	»	»

Primero de Artilleria.

Ayudante, D. Antonio Espinosa.	»	1.	»

Regimientos, clases, nombres.	Muer.	Her.	Con.
Segunda brigada montada.			
Teniente, D. Melchor Llauder.	»	1.	»
Ingenieros.			
Capitan, D. Vicente Tejeira. .	1.	»	»
Caballeria núm. 4º			
Capitan, D. Toribio Martinez.	»	1.	»
Teniente, D. Patricio Lamer. .	»	1.	»
Subteniente, D. José Lopez. .	»	1.	»
Capitan, D. José Ramon Gu-			
tierres.	»	1.	»
Otro, D. Ignacio Poler.	»	»	1.
Teniente, D. Ignacio Chacon.	»	»	1.
Alferez, D. Francisco Cortés. .	1.	»	»
TOTAL. . . .	11.	25.	10.

A las 7 de la noche circulaba con profusion la proclama que copiada literalmente dice así :

Ciudadanos.

«Valientes Nacionales: Catalanes todos: la hora es llegada de combatir á los tiranos que bajo el férreo yugo militar intentan esclavizarnos.

Con toda la emocion del placer he visto prestar, esponiendo vuestras vidas, los mayores sacrificios en favor de vuestra nacional independencia: sí, os he visto llenos del mayor entusiasmo, briosos, lanzaros al fuego de los que alucinados por gefes tan déspotas como tiranos, quisieron hollar vuestros mas sagrados derechos. No, no les dictaba su corazon el hostilizaros; una mano de hierro les impuso tan infernal y abominable crímen. Puesto que, mostrado habeis que quereis ser libres, lo sereis á pesar de un gobierno imbécil que aniquila vuestra industria, menoscaba vuestros intereses y trata por fin de sumiros en la mas precaria y lastimera situacion, en la mas degradante miseria.

Una sola sea vuestra divisa, hacer respetar el buen nombre catalan; union y fraternidad sea vuestro lema, y no os guien, hermanos mios, las seductoras palabras de la refinada ambicion de unos, y la perfidia y maledicencia de otros.

Guiado de las mas sanas intenciones he creido oportuno dirigirme en estos momentos á los batallones, Escuadron, Zapadores y Artilleria de la Milicia Nacional, para que sirviéndose nombrar un representante por eleccion en cada uno de ellos, se constituyan en junta, dicten las mas enérgicas medidas y os proporcionen cuantos bienes su penetracion les sugiere en estas críficas circunstancias.

Al momento, no hay duda, sentiréis las mejoras. Vosotros los que abandonando una triste subsistencia que os produce quizás un miserable jornal, habeis preferido quedaros sin pan antes que sucumbir á infernales maquinaciones, sois dignos de todo elogio, habeis despreciado la muerte con bizarría; justo es quedeis indemnizados, de vuestras fatigas y penalidades. No dudeis levantará su enérgica voz en vuestro apoyo vuestro hermano y compañero de armas.

Barcelona 15 de noviembre de 1842.

Juan Manuel Carsy.

Esta proclama era leida con avidéz en todos los círculos de la ciudad ; aparecia un gefe para dirigir la revolucion y triunfante como estaba, debia marchar con nueva audacia hácia la difícil carrera que acababa de emprender. Los sublevados habian visto desaparecer una á una sus autoridades, lo mismo la local, que la militar, las que no se fugáran habíanse guarnecido en las fortalezas, y en vista de un abandono, del completo aislamiento que quizás la historia no presenta ejemplar en sus análes, preciso y necesariamente con la aparicion de esta proclama se daba el último empuje á la revolucion. El poder habia cambiado de mano, solo faltaba agruparse á su alrededor y robustecerlo.

Continuando la relacion con la imparcialidad que me he propuesto, debo hacer constar que el Excmo. Ayuntamiento Constitucional mas de una vez vió amenazada y en grave riesgo su vida al anochecer del 13 y en todo el dia 14. Su prestigio y su reputacion habian decaido considerablemente; y en la imposibilidad de poder continuar con fruto en el desempeño de sus funciones sin esponerse nuevamente á mayores peligros, debieron resolver marchar de una ciudad que á su juicio correspondia tan mal á sus afanes dirigidos á su felicidad y su reposo. Sea lo que se fuere, el Cuerpo Municipal antes de llevar á cabo su resolucion, antes de abandonar á sus representados y contando como debia contar con las simpatías de una gran parte de la Milicia, habia de publicar un manifesto esponiendo los peligros que por repetidas veces se habia visto cercado y que habiendo perdido la fuerza moral entre sus subordinados, no pudiendo por consiguiente inspirar confianza ninguna, habia determinado retirarse. Este manifiesto hubiera advertido á los Nacionales, que no estaban por la revolucion, del apuro en que se encontraban sus mas inmediatas Autoridades, y quien sabe el giro que hubieran tomado las cosas.

En la mañana del 16 se nombró una junta popular directiva compuesta de los siguientes sujetos:

D. Juan Manuel Carsy, presidente.

VOCALES.

D. Fernando Abella.
D. Antonio Brunet.
D. Jaime Vidal y Gual,
D. Benito Garriga.
D. Ramon Cartró.
D. Bernardo Xinxola.
D. José Prats.
D. Jaime Giral, vocal secretario.

A las cuátro de la tarde se publicaba con todo el aparato y solemnidad un bando de la Junta Popular Directiva concebido en estos términos:

Catalanes.

«La junta popular directiva provisional, os dirije la palabra con la emocion que es consiguiente en la grave crísis en que nos encontramos por las viles maquinaciones de la tiranía.

Union y constancia es lo que principalmente os encarece esta junta: union y constancia salvará el bajel que ha estado á pique de naufragar.

La autoridad local elegida por el pueblo para su apoyo, su sosten y su salvaguardia, nos han abandonado: no seguiremos nosotros tan indigno ejemplo; á vuestro frente estamos prontos á morir antes que hacer traicion á la confianza que hemos merecido.

Los jornaleros que con tanto desprendimiento han acudido á poner freno á la arbitrariedad, dando pruebas inequívocas de cordura y sensatéz, serán sin demora socorridos.

Además, movida de interés por los Nacionales que han salvado la libertad con peligro de su vida, la junta directiva tomará desde luego las disposiciones necesarias para que no quede la Milicia en el estado de desorganizacion en que se encuentra ahora; y al efecto autoriza á cada batallon para que elija un representante que esponga las reformas que crea conducentes para la completa organizacion de dicha fuerza y la mayor satisfaccion de todos sus individuos.

CIUDADANOS: valientes y entusiastas Nacionales; toda vez que á vuestro valor se debe la salvacion de Barcelona, la junta directiva de las fuerzas reunidas de todo el pueblo para sostener la tranquilidad y el órden que tan cumplidamente sabeis guardar, se ve en la precision de mandar lo siguiente:

1º Todos los Comandantes de M. N. se presentarán inmediatamente á recibir órdenes de esta junta popular.

2º Asi mismo lo verificarán los Alcaldes de barrio y dependientes de la Municipalidad y Alcaldía.

3º La persona que se sorprenda robando ó cometiendo cualquier otro esceso, ó quede convicto de algun feo crímen, se le aplicará sumariamente todo el rigor de la ley.

4º Interin la junta dicta otras providencias, todos los gefes y oficiales de la Milicia Nacional detendrán á cuantos ciudadanos que sin pertenecer á la misma se hallen armados y sueltos por las calles sin ocupar punto alguno, y los destinarán á donde crean mas conveniente.

5º y último. El que contravenga á los artículos precedentes será puesto á disposicion de la junta.

Barcelona 15 de noviembre de 1842.

El presidente, *Juan Manuel Carsy.—Fernando Abella. —Ramon Cartró.—Antonio Brunet.—Jaime Vidal y Gual. —Bernardo Xinxola.—Benito Garriga.—José Prats.— Jaime Giral,* secretario.

Mientras se publicaba el bando que precede, un grupo bastante considerable de Nacionales y paisanos armados trató de apoderarse á la fuerza de la Ciudadela; ningun gefe habia que mandase aquel tumulto, necesitábase todo el valor que es capaz el hombre para determinarse á una empresa tan gigantesca como imprudente. En el jardin llamado del general se veia apostada una compañía de tropa, allá dirigió el pueblo sus tiros. No pudiendo esta reducida fuerza sostenerse, ni mucho menos defender el espacioso recinto que se la confiára, trató de retirarse á la Ciudadela, como asi lo verificó, pero con la mayor firmeza y serenidad. Tanto en la lucha que sostuvo como en la retirada que la subsiguió padeció terriblemente, contándose entre muertos y heridos hasta el número de 26 de todas clases; el pueblo tuvo 9 heridos, dos de bastante gravedad.

Ébrios del valor que la victoria inspira, sin arredrarse al aspecto imponente y amenazador de los artilleros que detrás de las baterías estaban con las mechas encendidas esperando la voz de *rompan el fuego*, continuaron los Nacionales marchando de frente preparándose para asaltar la fortaleza. Tres veces la atacaron, siempre con igual valor, pero otras tantas fueron rechazados con mucha pérdida, hasta que conociendo la temeridad de su arrojo se retiraron. El ameno y festivo jardin del general quedó destruido por el mortífero fuego que vomitaba sin cesar la Ciudadela. Este acontecimiento motivó el bombardeo de la ciudad desde el castillo de Monjuich, y los cañonazos disparados del fuerte de Atarazanas. Cayeron en la ciudad varias bombas: dos en la plaza de S. Jaime, habiendo una de ellas desmoronado un ángulo del palacio de la Diputacion, una en casa de Plandolit, calle de Escudellers, otra en la calle de la Avellana, casa número 5, otra en la calle de la Union, la que atravesó cuatro pisos, otra en casa de un hornero en la Riera del Pino taladrando tres pisos y algunas mas en distintos puntos; en la calle nueva de S. Francisco, estalló una bomba en el aire cayendo un casco en la citada calle. En el paseo de la Rambla varios árboles fueron acribillados de balazos disparados desde el fuerte de Atarazanas. Muchas calles permanecieron cubiertas estos dias de pedacitos de vidrio y trozos de ladrillo, piedras etc., á causa de la vibracion del ayre y de los medios de defensa empleados por los habitantes.

A pesar de haber sido rechazadas las fuerzas que intentaron asaltar la Ciudadela, seguramente no debió creerse segura en ella la guarnicion, cuando á la 1 de la madrugada del 17 empezó á disparar cañonazos hácia la ciudad para llamar la atencion en aquel punto y escaparse en el acto por la puerta del Socorro. Dirigióse por la carretera de marina, viéndose obligados los asistentes á llevar sobre sus espaldas el equipage de los oficiales y abandonándolos algunos por el camino; torcieron luego por la riera de Horta, atravesaron

con la mayor consternacion el pueblo de Gracia y
se acuartelaron por último en Sarriá, donde permanecieron hasta el dia 18 en que se movieron
hácia S. Feliu de Llobregát, y falda de la montaña de Monjuich por la parte opuesta á esta capital.

Luego que la junta tuvo noticia de que el
fuerte de la Ciudadela estaba abandonado, mandó
al 2? Batallon de M. N. que inmediatamente
marchase á guarnecer aquel punto, como asi se
verificó.

Entrado que hubo en la fortaleza, no pudo
ver sin el mayor asombro los destrozos de cuantos artículos haya podido el arte militar inventar
esparcidos acá y acullá, todo respiraba la mas
completa anarquía. Al lado de un libro de mayoría que aun estaba marcada la planta del que lo
pisoteó, veíanse morriones de gala, cabezas de
cisnes cuyas aves fueron robadas del jardin del
general la tarde anterior; un poco mas distante
cubrian el pavimento, fornituras, vestuarios, man-
tas, fusiles, pertrechos de guerra, etc. etc.; al su-
bir despues á las murallas encontróse con muchos
cañones enclavados en sus baterías. Preciso era
hacer abnegacion de todos los sentimientos que la
naturaleza insculpe al hombre, para determinarse
á cometer tamaño atentado.

Habiendo llegado á noticia de la junta de
señores generales del fuerte de Atarazanas, que la

Ciudadela estaba abandonada, tanto por habérsele
asegurado el cónsul de Francia, como por haberlo
repetido el brigadier Castro comandante del regimiento de Almansa que habian enviado á aquella
fortaleza á avistarse con el general Van-Halen y
que ni siquiera supo dar razon del paradero de
las tropas que estaban de guarnicion en ella, y no
pudiendo tampoco dudar que el regimiento infan-
teria de Guadalajara, que tenia el cuartel en los
Estudios, habia capitulado ya de cuyo tratado se
presentó á los señores generales testimonio feha-
ciente, acordaron estender una capitulacion digna
de elogio atendidas las indicadas circunstancias;
resolucion que al paso que dejó en buen puesto el
honor militar y el decoro Nacional, libró á Barcelona de una catástrofe espantosa que hubiese re-
sistido el pueblo con el denuedo y entusiasmo que
acababa de acreditar en los últimos anteriores dias,
en los cuales habia recordado tambien la guarnicion de Atarazanas, aquel valor y heroismo con
que en la pasada guerra aterraron y vencieron las
hordas carlistas que infestaban nuestro suelo.

La capitulacion está concebida en los términos siguientes:

FUERTE DE ATARAZANAS.

«Habiéndose presentado en esta fortaleza dos individuos de la Junta Popular de esta Capital, acompañados del Sr. Cónsul de Francia y un Oficial del regimiento infantería de Guadalajara con copia de la estipulacion hecha por el espresado regimiento á fin de que se adhiriese á ella esta guarnicion, se acordó pasase á la Ciudadela un Comandante de Almansa, á efecto de avistarse con el Exmo. Sr. Capitan General, y habiendo regresado este gefe del indicado fuerte, con la certeza de que S. E. con todas sus tropas habia abandonado aquel fuerte á las dos de la madrugada de este dia, se convocó á Junta de Gefes, quienes deliberaron, no hostilizar al Pueblo y respetar en todo las vidas y propiedades de los habitantes de esta Provincia, cuya Milicia Nacional se halla reunida la mayor parte en esta Capital; en este concepto acordaron lo siguiente:

ARTICULO 1º Atendida la situacion política en que se encuentra la Provincia de Barcelona, y atendidos tambien los sentimientos que animan á todos los individuos que componen la guarnicion de este fuerte, y son los de defender la libertad y fomento de los pueblos, y jamas su destruccion convienen:

En reconocer el poder del Pueblo y entregar las armas que siempre empuñaron en defensa de sus derechos.

ART. 2º Por esta razon y por el decoro de la Nacion Española de quien todos somos hijos; conservarán los

Señores Gefes y Oficiales sus espadas y equipages, y la tropa sus mochilas y equipo.

ART. 3º Los Señores Gefes, Oficiales y Sargentos que tuviesen casa y familia en esta plaza se les proporcionará ir á ellas hasta que los mismos pidan su traslacion á la Provincia que mas les acomode, en cuyo caso la Junta les proporcionará su correspondiente pasaporte y ausilio, así como durante su permanencia en esta Ciudad, se les garantizarán sus personas y propiedades recibiendo á mas una carta de seguridad al efecto.

ART. 4º Las tropas con sus correspondientes gefes y oficiales pasarán al depósito que señale la junta y será socorrido con pan y haber diario, hasta que se verifique su traslacion á los puntos que el gefe designe, que será el mas pronto que permitan las circunstancias.

ART. 5º Los gefes y oficiales que quieran hacer su viage por mar, se les permitirá desde luego su embarque en buque nacional ó estrangero.

ART. 6º Si el tránsito para fuera el distrito fuese por tierra la junta garantizará y protejerá á las personas y equipages de los estipulados.

ART. 7º Los almacenes de los cuerpos y las oficinas de contabilidad, quedarán á cargo de la junta bajo el correspondiente inventario hasta el momento de la marcha.

ART. 8º Las banderas sin las astas quedarán en depósito y á cargo de los coroneles de los regimientos.

ART. 9º Los oficiales ó individuos de tropa, que hayan sido anteriormente prisioneros disfrutarán de las ventajas de esta capitulacion, todos podrán ser asistidos como individuos del depósito.

ART. 10. Siendo los efectos de artillería é ingenieros, y ganado de aquella arma y de caballería perteneciente á la nacion y de mucho valor quedarán en conservacion y custodia á cargo de sus respectivos gefes y oficiales, hasta que la junta determine sobre ello.

ART. 11. De esta estipulacion se formarán dos ejemplares que firmados por el presidente y vocales de ambas juntas contratantes, serán entregados uno al señor general gobernador de este fuerte quedando el otro en poder de la junta, para que por ambas partes se pueda exigir en todos tiempos el mas exacto cumplimiento.

Fuerte de Atarazanas de Barcelona 17 de noviembre de 1842.—Pedro María de Pastors.—Joaquin Vereterra.—Miguel María de Atero.—Antonio Lasauca.—Leoncio de Rubin.—Vicente de Castro.—Baltasar Payan. — Ramon Labandeira. La junta popular directiva está conforme con la antecedente estipulacion, y por lo tanto manda se lleve á debido efecto. Patria y Libertad 17 de noviembre de 1842.—Presidente, Juan Manuel Carsy.—Jaime Vidal y Goal.—Bernardo Xinxola.—Benito Garriga.—Fernando Abella.»

La capitulacion que precede fué observada y llevada á efecto solemnemente por ambas partes contratantes. La Junta dispuso que el batallon nº 6º de la Milicia Nacional fuese á dar la guarnicion en la fortaleza, como así se efectuó.

El parte que el General Pastors dirigió al señor ministro de la Guerra sobre la rendicion del fuerte de Atarazanas es como sigue;

«Excmo Sr.—Habiendo ocurrido el dia 15 del actual síntomas de desórden en esta capital, me presenté al fuerte de Atarazanas como general de cuartel, punto que se nos tenia detallado para estos casos, á fin de recibir en él las órdenes que se tuviesen á bien comunicarme, cuyo señor comandante interino me manifestó no haber recibido ninguna del Excmo. Sr. Capitan General que prevenirnos, ni habérsele hecho prevencion alguna sobre este particular. Sin embargo, al ver que la conmocion presentaba cada vez un carácter mas sério creí de mi deber permanecer en él por si podia prestar algun servicio. El siguiente dia 14 por la mañana en virtud de la salida del fuerte con su regimiento del brigadier D. Vicente de Castro comandante interino de aquel punto, recayó en mí dicho mando como general mas antiguo de los que se hallaban en el fuerte. El dia 15 se rompió el fuego sobre las ocho de la mañana produciendo muchas víctimas por ambas partes; siendo conducidos en Atarazanas una gran parte de los heridos, viéndome en la necesidad de transportar en el hospital los de gravedad, por no poderles operar por falta de los efectos necesarios, lo que realizé al saber eran respetados por el mismo Pueblo que nos hostilizaba. El fuego duró hasta poco antes de anochecer que cesó repentinamente: viendo y con sorpresa retirarse las tropas á sus cuarteles creimos desde luego el haber mediado alguna concesion y de consiguiente restablecido el órden, cuando en el momento de entrar un batallon y alguna caballería en Atarazanas en presencia del capitan general, gobernador de la plaza, gefe político y otros señores generales y oficiales que le acompañaban, observamos que no solo no se habian retirado los desidentes sino que adelantaban cerrándonos toda comunicacion hasta el estremo de hacer prisionero un coronel que se hallaba en las immediaciones, de cuyo hecho habiéndose dado en mi presencia conocimiento al capitan general,

tuvo á bien este contestar « *que porque salia á la calle* »
y montando á caballo se marchó á galope por la muralla
de mar hácia palacio con todas las referidas autoridades
sin dejarnos órden ni prevencion alguna, desde cuyo momento nos dirigieron algunos tiros de fusil desde las azoteas de las casas inmediatas al que contestamos con el
mejor acierto que nos fué posible.

Regresado ya en el fuerte de Atarazanas con un batallon el señor brigadier D. Vicente de Castro, comandante interino de aquel punto, le entregué el mando,
en razon á haberme solamente prevenido el señor capitan general al pedirle instruccion á su paso por el fuerte, que allí quedaba el referido señor brigadier; por cuyo
motivo me opuse á encargarme del mando y con mas
motivo hallándome de general de cuartel y no empleado.
El señor brigadier, como distinguido y benemérito militar, no queria conformarse en continuar con el referido
interino mando, hallándose cuatro generales en el mismo
fuerte y á lo que accedió contra su voluntad despues de
largos debates en virtud de haberle manifestado hallarse
ya encargado interinamente de dicho punto, y máxime
despues de lo prevenido por el señor capitan general á
su paso por delante del fuerte.

El siguiente dia 16 fué mas estrecha la incomunicacion y de consiguiente la falta de víveres de todas clases, en tanto que se tuvo que facilitar á la caballería y
mulas de artillería paja de los jergones de los soldados
para atender á sus piensos del que carecian todo aquel
dia, hallándonos igualmente incomunicados por mar pues
que la Barceloneta se hallaba en la misma efervescencia
que la capital y poblaciones inmediatas; por cuyo motivo se resolvió que por medio de la bocina se reclamasen
del bergantin azzoe la aproximacion de una ó dos lan-

chas sin embargo de no haberlo conseguido el dia anterior: al poco rato se presentó un bote con alguna dificultad pues que el señor oficial conductor nos manifestó
hallarse sumamente vigilado por los botes que habian es-
tablecido los contrarios para llevarnos á cabo nuestro total bloqueo, lo que nos obligó (careciendo de toda órden ni comunicacion del Excmo. Sr. Capitan General ni
de ninguna autoridad, y sin el menor medio de súbsis-
tencia) á escribir al señor consul de Francia el dignísi-
Mr. Lesseps de quien se habian recibido tantas pruebas
de interés por el órden y tranquilidad de la capital, ro-
gándole me hiciese la amistad de avistarse conmigo; lo
que realizó en el momento, y reunidos con el señor comandante interino del fuerte el señor de Castro se le
hizo presente la incomunicacion en que se nos tenia por
mar y por tierra, por la cual nos veíamos sin duda en
la necesidad de batir con las diez piezas de grueso cali-
bre que se hallaban en las baterías de salvas, la Barceloneta y buques del puerto, resolucion bien dolorosa á
la verdad y bien anti-constitucional pero que la necesidad era la suprema ley, y que á fin de no causar el
menor gravámen al buque de su nacion que se hallaba
en el puerto, se sirviese advertírselo con el objeto de
que tomase las precauciones necesarias para evitar cualquier incidente desagradable en su buque. El señor consul nos manifestó tomar el mayor interés en nuestra pe-
nible posicion, procurándonos si fuese posible la remi-
sion de un bote del bergantin *Meleagre*, por si pudiese
convenirnos, y ofreciéndonos que antes de todo él mismo
se presentaria á la junta á fin de solicitar de la misma á
lo menos la entrada mas indispensable siquiera de aquellos artículos de primera necesidad, y que por su parte
nada dejaria de hacer á fin de que saliésemos de tanto

ápuro y se evitasen nuevas desgracias que siempre recae-
rían en perjuicio de la misma nacion.

Pregunté al referido señor cónsul si se habia avistado
con el eccelentisímo señor capitan general y contestándo-
me por la afirmativa le manifestamos desear si algo le
habia prevenido para nosotros verbalmente ó por escrito,
y diciéndonos que nada absolutamente, quedamos admi-
rados de tan indiferente proceder.

Se retiró el señor cónsul y la incomunicacion con-
tinuó cada vez mas estrecha, sin embargo de constarme,
hizo cuanto estuvo de su parte el señor de Lesseps para
obtener lo que nos ofreció solicitar, y sin órden ni noticia del general y con el continuo campaneo de arrebato y algunos tiros que nos dirijian de varios puntos inmediatos, á los que contestamos formando guarda cabezas
por medio de sacos y maderos, que establecimos en algunos puntos en que nos hallábamos dominados.

Así se pasó aquella mañana sin acontecimientos particulares mas que algun tiroteo en diferentes puntos, cuando aumentándose éste sobre las tres de la tarde y muy
particular hácia la Ciudadela, oimos un fuego vivo de fusilería y artillería al mismo tiempo que se nos hostilizaba
en nuestro punto y á cuyo fuego contestamos con decision; en este estado continuaba el toque de arrebato, en
cuyo momento se me presentó el señor brigadier Castro,
manifestándome que volviéndose á formalizar la lucha
uno de los señores generales le habia manifestado el desear estar en su puesto y que como yo era el mas antiguo me lo manifestaba á fin de que se le dijese á quien
tenia que entregar el mando; rehusé el admitírselo por
las mismas razones que le habia espuesto al devolvérselo
á su regreso en el fuerte ; pero habiéndome manifestado
el señor general D. Miguel Atero que sin embargo de

hallarse enfermo y ser mas moderno que yo, él lo toma-
ria si yo no admitia, y haber sido infructuosas las razones que le espuse con el objeto de que continuase en él
el señor brigadier Castro, á fin de que no se atribuyese
á otro motivo mi recusacion le admití bajo la condicion
de que obraríamos acordes para el mejor acierto en nuestra poco grata posicion, siendo mi mando solo interino, y
hasta que S. E. tuviese á bien contestar al oficio que el
señor brigadier Castro le habia dirigido dándole conocimiento de los motivos que yo le habia espuesto para no
admitirlo, y por los cuales él lo ejercia interin S. E. tuviese á bien contestar en quien habia de recaer, cuyo
oficio fué entregado el dia anterior sobre las doce del dia
al señor teniente de rey de la plaza de Barcelona, el señor D. N. Tur, al presentarse en Atarazanas con uno ó
dos vocales de la junta directiva con la órden del general
de entregar los prisioneros que teníamos en aquel fuerte,
única garantía de que sentimos desprendernos, y única
órden del general que se recibió; al poco rato del fuego
de la Ciudadela vimos bombardear la ciudad desde Monjuich y se nos dijo si tambien desde la Ciudadela; con-
tinuó como unas dos horas el fuego de bombardeo careciendo de instrucciones y de alimento, en cuyo conflicto
dispuse el que con la bocina se llamasen dos botes del
bergantin *Héroe,* lo que realizaron al poco rato, y manifestando el señor oficial conductor si le seria fácil abaste-
cernos de algunas provisiones de boca y particularmente
de pan, arroz, ó bacalao ú otro comestible por medio de
los buques mercantes que se hallaban en el puerto ó por
cualquier otro resorte, manifestó la imposibilidad de ve-
rificarlo atendido el espíritu de toda la gente de Barceloneta y la vigilancia que tenian para impedir toda comunicacion con el fuerte, en tanto que las hijas del ca-

pitan general, esposa del señor general Zabala, brigádier Chacon y otras varias habian sido apresadas por las lanchas enemigas dirigiéndose al bergantin francés *Mcléagre* en un bote del mismo, habiendo sido sin embargo el mandarme de sus provisiones con uno de sus botes si posible le fuese una cantidad de galleta y un poco de tocino suficiente á lo menos por un dia segun calculamos, ofrecimiento que acepté gustoso y por el que dispuse saliese al efecto uno de los botes, disponiendo que el otro permaneciese para hacerse cargo del oficio que se le iba á entregar para el Excmo. Sr. D. Juan Van-Halen, comandante general del campo de Tarragona, del que seria portador el bergantin que deberia verificar su salida aquella misma noche con el objeto de que llegasen á su conocimiento cuanto mas antes posible los acontecimientos de la capital y pudiese regresar inmediatamente con los víveres que tanta falta nos hacian; estendí y firmé el oficio que fué entregado al señor oficial con el encargo de que el bergantin verificase su salida inmediatamente, lo que me ofreció se realizaria.

No regresó ni el bote con las provisiones ofrecidas ni el bergantin verificó su salida, pues que el siguiente dia por la mañana se hallaba todavía en el puerto, del que salió á las nueve de ella sin saber para que punto, pues que ningun conocimiento se me dió del motivo que les habia obligado á faltar á una y á otra órden: igualmente oficié al gobernador de Monjuich á fin de que nos facilitára algunos víveres y en particular pan ó galleta con otras provisiones que creí oportunas, á cuyo oficio contestó á las pocas horas no tener ni un solo grano ni una sola partícula de pan quedando á su cargo el recoger por bien ó mal lo que pudiese, de lo que me daria conocimiento. Cesó el fuego despues de anochecido habiéndose

4

dicho al poco rato, que la tropa que se hallaba en el cuartel de estudios mandada por el brigadier Moreno de las Peñas se habia entregado bajo capitulacion, á cuya noticia no se dió crédito á pesar de no haber recibido contestacion al escrito confidencial que hallamos medio de remitirle, en que se le prevenia que en el último apuro y en el caso de no poderse sostener por mas tiempo, procurase reunírsenos si posible le fuese por medio de una repentina é imprevista salida de noche y á la carrera, pues por su cuartel hallándose casualmente á nuestro frente aunque á alguna distancia, podria quizás por este motivo evitar la mayor pérdida que sin duda le ocasionarian los puntos enemigos que tendria que vencer; fuerza que deseaba se me reuniese, pues que solo tenia dentro de Atarazanas unos 500 hombres escasos de armas tomar, y mas de 1500 para comer habiéndose refugiado en él muchas de las familias de señores oficiales no solo de la guarnicion si que fuera de ella y de paisanos que se creian comprometidos.

En este penoso estado, y mas que todo, con el sentimiento de carecer de todo aviso del general, se pasó la noche con alguno que otro tiro parcial y ocupados en la formacion de espaldones para cubrir los fuegos de enfilada, asi que en la construccion de esplanadas para la formacion de dos baterías que aquella misma noche quedaron colocadas en dos ángulos de la azotea del fuerte á fin de desalojar á los contrarios de las casas inmediatas que tanto nos habian incomodado, creyendo que al amanecer del siguiente dia seria el ataque mas serio y decidido, pues que supimos que la mayor parte de los Nacionales de las inmediaciones habian entrado en la capital con el mismo entusiasmo de apoyar el movimiento, el cual pudo ser el primer dia parcial pero no el segundo y demas; que fué tan general, que debió llamarse movimiento provincial, pues que ancianos, mugeres y niños sin distincion de colores ni de matices acudian á la defensa, y al parecer con mas entusiasmo al haber corrido la voz de haber ofrecido el general Zurbano tres dias de saqueo á su tropa.

Amaneció el 17 sin oirse fuego en ningun punto, sin embargo que entre una y dos de la madrugada se oyeron algunas descargas y cañoneo por la parte de la Ciudadela creyendo desde luego habria sido aquel fuerte nuevamente atacado y continuando nosotros en la misma incomunicacion, resolví el pasar un oficial á la junta haciéndola responsable de su proceder y reclamándola víveres, que me veria en la precision de ecsigir por la fuerza, por medio de los cañones de la batería de salva y cuyos resultados podrian ser funestos, cuando nos sorprendió el observar una bandera blanca en la torre de la Ciudadela, lo que ocasionó, como era natural, conjeturas en diferentes sentidos, cuando á las ocho, poco mas ó menos, se presentó el señor consul de Francia acompañado de dos miembros de la junta, quienes nos propusieron el mismo convenio que habia realizado la fuerza de los estudios, diciéndonos que todos los puntos de la plaza, cubiertos por la fuerza militar, habian sido abandonados y que el capitan general y demas autoridades lo habian verificado igualmente huyendo de la Ciudadela despues de clavados los cañones y saqueado un almacen de vestuario que ecsistia en ella dejando lo demas á merced de los vencedores, que sus escelencias se habian dirijido hácia la marina con mucha pérdida en su retaguardia al verificar su salida, habiendo igualmente abandonado alguna fuerza en la Barceloneta que habia sido hecha prisionera, y que no quedando mas fuerte que Atarazanas y Monjuich, no persistiésemos en una tenacidad que solo podria producir funestas desgracias en perjuicio de la misma nacion de que dependíamos, observándonos al mismo tiempo el que durante los tres dias de confusion y de trastorno el mismo pueblo que con tan denuedo se habia batido para defender la justicia de sus reclamaciones, este mismo pueblo no habia cometido ni el mas pequeño esceso de pillaje en ningun sentido, y con la admiracion de que diesen ausilios á los heridos contrarios en el mismo acto de la contienda: que ningun encono tenia el pueblo contra la tropa, antes todo lo contrario, y solo si contra los autores de tantas desgracias: observaciones á que no pudiendo dar entero crédito, se les contestó en presencia del mismo señor consul de Francia el no ser posible dar crédito á lo que acabamos de oir, y que de consiguiente tampoco el tratar de capitulacion interin no estuviésemos bien cerciorados de todo lo ocurrido, y nombrando al efecto un señor comandante de batallon y de entera confianza del señor brigadier Castro, salió con el objeto de averiguar la certeza de cuanto nos acababa de decir, recorriendo al efecto todos los puntos que se nos decian abandonados, procediendo despues á la resolucion segun fuese el resultado de la comision del señor comandante.

Esto fué lo que se contestó, todo con el objeto de ganar tiempo, deseosos de recibir alguna comunicacion del general.

Se retiraron los comisionados con el ofrecimiento de volver mas tarde acompañados del señor comandante encargado del reconocimiento, el cual regresó á la hora con la sensible noticia de ser demasiado cierto cuanto se nos habia manifestado, y creyendo indispensable en tal conflicto é incomunicacion el reunir á los señores generales

y gefes de seccion que se hallaban en aquel recinto, lo
verifiqué deseoso de tratar de nuestra situacion asi que
la de todo el vecindario de esta industriosa capital, tan
espuesto en sus mismas ruinas bajo el peso de nuestra
responsabilidad, reflecsion filantrópica é irreprochable en
un gobierno liberal en que tanto se recomienda la consideracion á la unánime voluntad popular, y que unida á la
imposibilidad de mejorar de posicion (aun cuando hubiésemos querido hacer recaer sobre nosotros mismos la
destruccion de tan populosa capital, asi que la de sus
inmensos talleres, producto de tantos afanes y sosten de
millares de familias) nos obligó á tratar de capitulacion;
capitulacion por la cual no quedó ni pudo quedar com-
prometido el honor militar, y solo si el amor propio in-
dividual, pues que no se tuvo con enemigo estranjero, y
si por un convenio nacional entre españoles y en beneficio y bien del mismo pais. Confieso, Excmo. Sr., fueron
aquellos momentos crueles para toda autoridad militar,
que deseando cumplir la rijidéz de la carrera, vé por un
lado comprometida su reputacion, y por otro aglomera-
das un sin número de desgracias, sin esperanza de un resultado feliz.

La retirada en Monjuich hubiese sido imprudente no
existiendo en el fuerte una miga de pan como me manifestó el señor gobernador: y la salida por la puerta de
Santa Madrona, no lo hubiese sido menos, comprome-
tiendo á 500 hombres contra todas las poblaciones de las
inmediaciones que con armas acudian á la capital y sin
la menor noticia del paradero del señor capitan general
y demas autoridades que debiamos creer, careciendo de
ellas, perseguido en todas direcciones, resultando si asi
lo hubiésemos verificado el abandono y de consiguiente
el saqueo de mas de 400 mulas de artillería, almacenes,

maestranza y demas efectos de cuantía existentes en dicho fuerte, propiedad de la nacion, y á la cual hubiésemos sido responsables; todo hubiese sido espuesto al pillaje, como al parecer sucedió en la Ciudadela abandonada, si por medio de un honroso convenio no se hubiera tratado de garantizar su existencia.

En el fuerte no era posible permanecer por mas tiempo faltos de víveres para la tropa, y pienso para el ganado, y aun en el caso de haber podido permanecer en él un dia mas, cual hubiese sido, Excmo. Sr., nuestra responsabilidad, verificada como debiámos creer, la persecucion del capitan general á destruir por nuestra obsecacion tan populosa como industriosa capital, pues que careciendo el enemigo del objeto de la Ciudadela y demas puntos que habian sido abandonados se hubiese dirigido al solo punto de Atarazanas con todas sus fuerzas, á cuyo fuego se hubiese contestado con vigor y sin temor de ser vencidos, pero con el resultado de la destruccion de la poblacion, pues que debiendo haber seguido sin duda desde Monjuich el bombardeo á la ciudad al ver este compromiso, solo los edificios hubieran sido las víctimas y no los contrarios, pues que sus tiros hubiesen sido desde las azoteas de las casas inmediatas y puntos mas elevados como lo verificaron en los dias anteriores, causando la pérdida de tan bizarros gefes y valientes soldados, razones por las cuales asi que la facilidad que habia quedado al enemigo de batir el cuartel de Atarazanas con las piezas de la Ciudadela; en junta de generales y gefes de seccion se resolvió acceder al convenio, cuya copia tengo el honor de incluir á V. E. asi que la de los oficios á que me he referido, el que no fué firmado hasta las cinco de la tarde siempre con el objeto de ganar tiempo esperando órdenes que anhelábamos y que jamás tuvimos el consuelo de recibir.

El pueblo al parecer no proclamaba ningun principio anti-constitucional, pues que habiéndoselo preguntado á los señores de la junta antes de firmar el convenio, nos manifestaron ser siempre su divisa Isabel II. Constitucion del año 1857, fuera quintas y ayuntamiento por las razones que habian espuesto, y libertad de los redactores presos por la infraccion de ley.

Ayer noche á última hora se dijo si el capitan general se hallaba con algunas fuerzas á las inmediaciones de esta capital en los pueblos inmediatos de Sarriá, San Feliu y otros á cuyos puntos se habia dirigido luego de su salida de la Ciudadela, que realizó á las dos de la madrugada, siendo (si así sucedió) mas sorprendente su silencio para con nosotros, pues que debiéndose hallar en Sarriá á las cuatro de la mañana, al corto tiempo, por medio del castillo de Monjuich hubiese podido comunicarnos cuantas órdenes hubiese creido conveniente.

Transcurrieron trece horas desde las cuatro de la mañana hasta las cinco de la tarde, y sin embargo nada se quiso comunicarnos, dejándonos sumidos en la fatal incertidumbre y en el abandono.

¡A que atribuir semejante proceder! Si seria Excmo. Sr. con el objeto de prevenir las circunstancias y no comprometerse con ellas, pues claro está que siendo vencido el pueblo, su entrada triunfante en la ciudad era consiguiente, y siendo este vencedor habiendo S. E. abandonado la Ciudadela, punto primordial de defensa, era natural hubiese alegado haberlo verificado con el objeto de no hostilizar mas la poblacion, y por consiguiente las desgracias sucesivas hubiesen sido á efecto de la poca prevencion, poco tino, é inconstitucional de los gefes de Atarazanas y Monjuich hostilizando al pueblo y destruyendo la capital sin su órden. Y cuan grave hubiese sido, Excmo.

Sr., esta responsabilidad bajo el sistema constitucional que felizmente nos rige, y tanto mas no pudiendo olvidar no lejanos acontecimientos en tanto que se sostuvo la voluntad que se llamó popular.

Es cuanto puedo decir á V. E. en medio de la premura del tiempo, y segun permite mi débil cabeza, despues de tanto contratiempo.

Dios guarde á V. E. muchos años. Barcelona 18 de noviembre de 1842.=Excmo. Sr.=Pedro Maria de Pastors.=Excmo. Sr. secretario de Estado y del despacho de la Guerra. »

El parte que da este general es redactado con el mayor pulso é imparcialidad sin que se note en todo su relato otro lenguage que el de la razon y el de tener un verdadero conocimiento de los sucesos que estaban ocurriendo en la capital.

En el casco de la ciudad no habia ya enemigos ó contrarios que su presencia causase estorbo. La M. N. ocupaba todas las fortalezas, el castillo de Monjuich faltaba para ser completo el triunfo, pues era el único punto en el cual eran recibidos los dictados de Van-Halen. Dióse por muy válida la voz de haber ofrecido la junta 100,000 duros al gobernador del espresado castillo en el caso de ponerlo á su disposicion ; yo no sé lo que puede haber de cierto sobre este particular, pero mucho me dudo que se realizára semejante ofrecimiento. La junta popular debia apoderarse del castillo por medio de un bloqueo y antes que Van-Halen tuviese tiempo para abastecerlo de vìveres, pues la escazés y penuria en que se encontraba su guarnicion á nadie podia ocultarse.

Como durante estas ocurrencias se albergasen en la capital hombres de mal vivir empañando con su sola presencia el buen nombre y reputacion que ha sabido siempre hacerse acreedora, la junta se vió en la precision de publicar el siguiente:

BANDO.

« La junta popular ve con la mayor indignacion que algunos perversos tratan de desvirtuar el levantamiento de esta capital, cometiendo tropelías y robos: y como semejantes escesos desea castigarlos con todo rigor, ha resuelto publicar lo siguiente:

Art. 1º Sufrirá la última pena toda persona que fuere cogida en el acto de cometer algun robo, ó se le justifique debidamente haberlo perpetrado.

Art. 2º Igual pena sufrirán los encubridores de los ladrones, y cualquiera otra persona que directa ó indirectamente contribuya á la perpetracion del robo.

Y para que nadie pueda alegar ignorancia se manda fijar en los parages acostumbrados de esta capital.

Barcelona 18 de noviembre de 1842.

El presidente, *Juan Manuel Carsy.—Fernando Abella.—Ramon Cartró.—Antonio Brunet.—Jaime Vidal y Gual.—Bernardo Xinxola.—Benito Garriga.—José Prats. —Jaime Jiralt,* secretario.

En consecuencia de este bando, fué pasado por las armas el dia 19 á las cuatro de la tarde, un paisano llamado *Mariano Rincon* por haberle cogido con la prenda que habia robado. El reo marchó al suplicio con mucha serenidad en medio de la multitud que habia concurrido á presenciar la ejecucion, dando á conocer la satisfaccion con que veia aplicar la pena al que aprovechándose de las revueltas, atenta contra la propiedad agena. Como antes de instalarse la Junta fuesen aprendidos tres paisanos por el mismo delito, se acordó que fuesen puestos á disposicion de uno de los Jueces de 1ª instancia.

Seis dias llevábamos de revolucion y sin embargo nadie sabia que divisa estaba inscrita en la bandera que se habia enarbolado. Los momentos eran preciosos y la Junta no supo aprovecharlos. Esta incuria dió márgen á que cundiesen dentro y fuera del Principado falsos rumores interpretando cada cual á su modo el movimiento de la capital. Decian unos que los Barceloneses se habian sublevado porque no querian *la quinta,*

otros porque el gobierno habia suprimido la fábrica de cigarros y la Casa Moneda, otros, porque querian establecer la república etc., etc. y
en medio de tanta confusion, de tantos trazados
planes, se daba tiempo á que Van-Halen reorga-
nizace el ejército en Esplúgas, pequeña poblacion
distante dos horas de Barcelona; donde fijó su
cuartel general.

Muchos patriotas de esta Ciudad hicieron ver
á la Junta la grande necesidad que habia de que
se redactase un manifiesto esponiendo los podero-
sos motivos que habian podido inducir á los Barceloneses sublevarse contra el gobierno actual, ins-
cribiendo al propio tiempo los principios que se
proponian defender, escitar la cooperacion de todos los amantes de la independencia nacional, y
que este manifiesto circulase con la mayor rapi-
déz desde el uno al otro confin de España. La
Junta debió convencerse de esta verdad por cuanto á los pocos momentos plagaban las calles de
esta Ciudad millares de ejemplares de este notable documento :

Catalanes.

La ansiedad pública está clamando y hasta ecsigiendo
de esta Junta una manifestacion franca y síncera del objeto á que se dirigen nuestros esfuerzos y sacrificios.

Justa es la demanda y vamos á revelaros con toda la pureza de nuestros septimientos, el lema ó divisa que desde este momento inscribimos en la bandera que enarbolamos, á cuya benéfica sombra no habrá un solo liberal español que no abjure para siempre las miserables desidencias de partido, y con la fé y el entusiasmo que inspira el sagrado nombre de libertad y justicia, vacile en estrechar ese lazo que ha de afianzar nuestra independencia, nuestra prosperidad y nuestra gloria.

Union entre todos los liberales: abajo Espartero y su gobierno: Cortes constituyentes: en caso de Regencia, mas de uno: en caso de enlace de la Reyna Isabel 2ª, con español: justicia y proteccion á la industria nacional. Este es el lema de la bandera que tremolamos, y en su triunfo está cifrada la salvacion de España.

La Junta no cree necesario esponer las razones públicas en las que se encierran sus deseos y esperanzas, porque públicas son por desgracia para todas clases del pueblo español, las perfidias del poder, nuestra visible y ruinosa decadencia, los amagos de tiranía, y sobre todo ese descontento universal, ese clamor que resuena en todos los ángulos de la Península contra las tenebrosas maldades de un fatal y abominable desgobierno. Libertad, ley, y buen régimen administrativo queremos: y en tan noble demanda, por tan sagrados objetos, con denuedo y constancia combatiremos hasta morir.

¡Esforzados Catalanes! ¡Valiente y libre ejército! ¡Españoles todos los que odiais la tiranía! uníos con la confianza y firmeza de corazones libres, y abrazad el pendon que enarbolamos, en el que está escrita la mas lisonjera esperanza de ese pueblo tantas veces sacrificado y tantas veces vendido. Venzamos el destino de la fatalidad que preside las calamidades de nuestro pais, y

consolidemos de una vez la paz, el reposo, la justicia
pública, la libertad, la suerte de las clases laboriosas y
el engrandecimiento de esta desventurada nacion.

Barcelona 19 de noviembre de 1842.

El Presidente, *Juan Mauuel Carsy—Fernando Abe-
lla—Ramon Cartró—Antonio Brunet—Jaime Vidal y
Gual—Bernardo Xinxola—Benito Garrigá—José Prats—
Jaime Giral*, Secretario.

Este manifiesto no tuvo la aceptacion que se
esperaba; por lo que muy lejos de prohijarlo y conociendo la altura á que habia llegado la revolucion, fuese por temor de comprometerse, ó bien
por no simpatizar con las doctrinas que se acababan de establecer, muchos habitantes reunieron
sus familias, sus intereses, empezando por abandonar la capital que veian entregada al mas duro
conflicto. La junta popular creyó conveniente co-
hartar la facultad de salir de la Ciudad, y á este
efecto espidió un bando previniendo que á escepcion de las mugeres, niños, enfermos y ancianos
nadie pudiese marchar sin proveerse antes de un
pasaporte que deberia estar firmado por su presidente. Estos pasaportes á duras penas y con grandes empeños pudieron alcanzarse; por lo que
viéndose muchos ciudadanos sin medios ni recursos
para obtenerlo, acudieron á cuantos resortes podia
sugerirles su ingenio, su imaginacion, para hacer

ilusorio un bando que no ignoraban llevábase á efecto en todas sus partes. Disfrazados unos de mugeres del bajo pueblo esperaban con la mas grande ansiedad y zozobra el crepúsculo para pasar los umbrales de la Ciudad; otros, jóvenes almibarados y que hacen corro en los salones de la buena sociedad, no vacilaron acurrucarse dentro un carro de basura; otros consintieron que se les rapase la cabeza vistiéndose con el traje de aquellos desgraciados sin juicio ni razon, ocupados en el Hospital General para conducir diariamente en el lugar sagrado los cadáveres que fenecen en la casa, y substituyéndoles en el ejercicio de sus funciones para escaparse del tinglado; llegó el pavor al estremo de meterse alguno en un ataud dejándose conducir por el carro fúnebre hasta las inmediaciones del cementerio ! Todos los medios eran lícitos con tal que pudiese conseguirse el fin que se propusiera; el busílis estaba en respirar el aire libre del campo, lo demás poco importaba. No faltaron centinelas que vendieron su honor al precio de un puñado de oro !

El dia 20 de noviembre apareció fijado en las esquinas de esta ciudad lo siguiente :

Catalanes.

«He aquí la lista de, los Sres. Consulto**s** que elegi-dos por los electores de cuarteles, y cuyos nombres, es-culpidos con letras de oro, legaremos á la posteridad, han de formar nuestra sabia, justa y fraternal junta con-sultiva.

Ya nos lanzamos sin temor á la arriesgada empresa que motivó nuestra decision y patriotismo. Si : sus sabias lecciones, sus sanos consejos nos conducirán, no hay du-da, á nuestra salvacion y prosperidad. Seguros podemos decir, si bien lamentando las tristes víctimas, TRIUNFA-MOS. Promovimos la revolucion del QUINCE DE NO-VIEMBRE! y si nuestras débiles fuerzas nos hicieron va-cilar en obtener un feliz resultado, diremos con orgullo: « con el apoyo, con las luces de nuestra junta consultiva, alcanzamos la victoria. » ¡Que mayor gloria, que mayor dicha que juntos ceñir los laureles !!!

OID LA ESPRESION DEL PUEBLO BARCELONÉS.

1. D. José Xifré, propietario.
2. D. José Maluquer, abogado y propieta-rio.
3. D. Jaime Badía, propietario y comer-ciante.
4. D. Francisco Viñas, propietario y comer-ciante.
5. D. Agustin Yáñez, catedrático de farmá-cia.

6. D. Tomás Coma, comerciante y fabricante.

7. D. Juan Agell, propietario.

8. D. Juan Monserdá, mercader.

9. El brigadier D. Joaquin Moreno de las Peñas, militar.

10. D. Juan Tomás Alfaro, magistrado.

11. D. Valentin Llozér, magistrado y propietario.

12. D. Juan Guell, comerciante.

13. D. Pablo Torrens y Miralda, comerciante.

14. D. Valentin Esparó, fabricante y propietario.

15. D. Manuel Torrens y Serramalera, comerciante.

16. D. Macario Codoñét, mercader y propietario.

17. El Marqués de Lió.

18. D. Vicente Zulueta, arquitecto.

19. D. Ignacio Sampons, abogado y propietario.

20. D. Eleodoro Morata, militar.

21. D. Bernardo Muntadas, fabricante y propietario.

22. D. Nicolás Tous, fabricante y propietario.

23. D. Pedro Tarrada, médico y propietario.

24. D. Jaime Cadina, farmacéutico.
25. D. Salvador Aroles, mercader.

Barcelona 20 de noviembre de 1842.

El presidente, *Juan Manuel Carsy.—Fernando Abella.
—Ramon Cartró.—Antonio Brunet.—Jaime Vidal y Gual.
—Bernardo Unxola.—Benito Garriga.—José Prats.—
Jaime Giralt,* secretario.

Esta nueva Junta contaba en su seno hombres
de arraigo, de probidad y de todos los matices
políticos, para la eleccion de sus miembros no
se tuvo en consideracion que perteneciesen á este
ó aquel partido, solo se requirió honradez y deseos de hacer bien. Con mucho trabajo apenas
pudieron reunirse la mitad de los nombrados,
por haberse ausentado los unos y escondido los
mas. Bien que los vocales fueron demasiado débiles para hacer frente á las imperiosas circunstancias del momento, ó que sus acuerdos dista-
sen mucho de complacer á los de la popular directiva, el resultado fué retirarse aquella á los
pocos dias de su instalacion, sin que el pueblo
reportase utilidad ninguna de semejante nombramiento.

Como algunos especuladores empezacen ven-
der á mayor precio los comestibles de primera
necesidad, la Junta publicó el siguiente:

BANDO.

«Para que á beneficio de las circunstancias presentes no se espendan los artículos de mas precioso consumo á precios elevados en utilidad particular de muy pocos, y eu perjuicio de la generalidad de los vecinos de esta capital; y á fin de que los individuos del ejército no hagan un abuso de su actual posicion: la Junta de gobierno de esta provincia ha resuelto tomar las disposiciones siguientes;

Artículo 1? Los comestibles no podrán venderse á mayor precio que el que tenian en 15 del presente mes. Los contraventores serán conducidos á la cárcel, y juzgados como atentadores del órden público.

Art. 2? Nadie podrá comprar las prendas de vestuario de los militares del ejército: y los que ejercieren este punible tráfico serán considerados como detentores de las propiedades de la nacion.

Y para conocimiento del público se fija este edicto en los parages públicos de esta ciudad, insertándose ademas en los periódicos de la misma.

Barcelona 20 de Noviembre de 1842.

El Presidente, Juan Manuel Carsy.—Fernando Abella. —Ramon Cartró.—Antonio Brunet.—Bernardo Xinxola. —Benito Garriga.—Jaime Vidal y Gual.—Jaime Girall, Secretario.

La revolucion iba siguiendo su marcha con paso firme y con la mayor audacia en medio del aislamiento que las circunstancias la colocáran. Fuera de sus murallas, los barceloneses ignoraron siempre cuanto pasaba. Solo de vez en cuando apercibíanse sordos rumores, sin que su procedencia llegase nunca á ser conocida, anunciando que Valencia, Zaragoza, Sevilla habianse lanzado á la palestra para sostener á sus hermanos los barceloneses. No eran menos lisongeras las noticias que se tenian del principado. Gerona, Vich, Reus, Figueras habian imitado tan magnánimo egemplo; el movimiento de la Capital era prohijado por todos los catalanes, ¿que se queria pues?

Como las noticias nunca se podian poner en claro por detener el egército los correos prohibiéndoles aproximarse á la capital, resultaba que tampoco podia cesar la ansiedad y zozobra de sus habitantes, porque cuanto se daba por cierto hoy, era desmentido mañana.

El general Van-Halen en el período de la revolucion no quiso entenderse nunca con la Junta popular; las comunicaciones mediaron entre la Diputacion provincial y S. E.

El dia 20 por la mañana éntró un parlamento enviado del cuartel general portador de un oficio dirigido á nuestra Excma. Diputacion. Un piquete de la guardia que cubria el punto de la puerta de S. Antonio le acompañó con el mayor comedimiento hasta el mismo palacio donde celebra sus sesiones, sin que pudiese notarse el mas leve desmán por parte del pueblo quien impulsado por la curiosidad le precedia en su carrera. El oficio que se hace referencia estaba concebido poco ó mas ó menos en estos términos : «La Excma. Diputacion provincial, por su influjo y por cuantos medios estén á su alcance, procurará cuanto antes restablecer la turbada paz y la hollada *ley* en la desgraciada Barcelona : estoy sumamente ansioso por saber, decia el general, la suerte que ha caido á los prisioneros y el trato que los revolucionarios les dan ; concluyendo, que no esperaba verse en el duro conflicto de romper el fuego contra una ciudad que la sensatez y laboriosidad de sus moradores habian colocado á la altura en que se encontraba.» A este oficio la Diputacion contestó con el siguiente :

Diputacion provincial de Barcelona.

Excmo. Sr.=Antes de recibirse el oficio de V. E. de hoy, el instinto de sensatéz de este vecindario, y la intencion de la Junta popular se habian combinado felizmente para la eleccion de las personas mas notables que representando á todas las opiniones é intereses, se ocupasen en los medios de conciliar el restablecimiento del órden con el derecho que asiste á la poblacion para manifestar sus quejas y necesidades, formando una junta que debe instalarse mañana con la denominacion de ausiliar consultiva.

Sus nombres continuados en el adjunto impreso (*) son la prueba mas relevante del buen espíritu público de esta hermosa cuanto desgraciada capital, cuyos habitantes en medio despues de las últimas lamentables escenas han acreditado de un modo positivo, no solo el mas alto grado de civilizacion y cultura, sino la nobleza y generosidad de sus sentimientos, tratando á los prisioneros con la mayor fraternidad y dejándolos en la misma libertad que á los demas ciudadanos.

Estas circunstancias, cuya realidad no puede esconderse á V. E. como testigo ocular de los sucesos, y la consideracion de los grandes intereses que encierra este vasta poblacion, alejan de todo pecho sensible el funesto presentimiento de que pueda verificarse la amenaza de someterla á la obediencia del poder central por cuantos medios permite en otras situaciones el derecho terrible de la guerra. No consiste la ciencia del gobierno en el simple aparato y egercicio de la fuerza material contra los pueblos que con razon ó sin ella intentan desobedecer á las autoridades constituidas. Un ecsámen filosófico de las causas conduce naturalmente al hallazgo de los remedios; y de estos el mejor sin duda es seguir con calma y prudencia el curso de los acontecimientos á fin de procurarles una solucion suave, tranquila y honrosa á todos sus autores.

Grande es el paso que se ha dado con el nombramiento de tantos ciudadanos respetables por su saber, ar-

(*) Ya se ha hecho mencion de esta Junta.

raigo, probidad y civismo. La Diputacion espera que con
él se allanarán muchas dificultades, facilitándose la con-
secucion de un pronto y feliz desenlace, objeto comun
de los votos de V. E. y de todo Español que anhele por
la prosperidad y ventura de su patria. Tanto por esta
causa, como porque al efecto continua la Diputacion
practicando todos los medios que se hallan á su alcance
en la reducida esfera de su autoridad y posicion que
ocupa, le es imposible dar á V. E. por ahora una contestacion tan satisfactoria y general como hubiera apetecido; pero no duda que V. E. se hará cargo de la
triste situacion en que se vén todas las clases de esta la-
boriosa y culta ciudad, en nombre de las cuales, de la
humanidad y de la patria, á cuyo grito jamás V. E. ha
ensordecido, no puede menos de recomendarle las vidas
y fortunas de esta escogida porcion de sus representados
con la esperanza de encontrar en el filantrópico corazon
de V. E. la mas favorable acogida.

Dios guarde á V. E. muchos años. Barcelona 20 de
Noviembre de 1842.—Excmo. Sr.—El Presidente acci-
dental, José Pascual.—José Borrell.—Manuel Torrents.
—Felix Ribas.— Manuel Cabanellas.—Antonio Giberga.—
José Llacayo.—Manuel Pers.—José Vergés.—Francisco
Soler, Secretario.

A las dos de la tarde del mismo dia presentóse otro parlamento procedente tambien del cuartel general con el pliego que á continuacion se
espresa;

El Excmo. Sr. Capitan general d la Diputacion.

Ejército de Cataluña.—E. M.—Excmo. Sr. segun
manifesté á esa Corporacion por medio de uno de sus

individuos el Sr. Torrents, no debia esperar otra especie
de comunicaciones para poner fin á la situacion espantosa en que se encuentra Barcelona, que aquellos que
viniesen por conducto de V. E. como única corporacion
popular autorizada por la constitucion, y que no teniendo complicidad alguna según me dijo su representante
en la sedicion, estoy en el caso de comunicarla como
antes del dia 14, pero en el acto de despedirse los comisionados y Cónsules estrangeros que les acompañaban
aunque sin haberlo leido recibí el oficio cuya copia in-
cluyo á V. E. bien en contradiccion con lo que esa Diputacion me habia manifestado por escrito, ni como de
palabra su representante y uno de la Junta. Vuelvo á
decir que no reconozco otras autoridades que las esta-
blecidas constitucionalmente y que cualquier cosa que
quisiera decirse á fin de evitar los males que amenazan
á Barcelona, cualesquiera que sean las personas que quieran hacer este importante servicio, deberian hacerlo por
conducto de V. E. mas sin embargo de esto ayer tarde
recibí una comunicacion de la Junta, y confieso que no
puedo entender que es lo que quiere saber de mí, puesto que en la comunicacion que dirigí á V. E. está dicho
cual es la base sobre la que se ha de convenir lo necesario para restablecer la paz y la ley en Barcelona, lo
que urge se consiga lo mas pronto posible, no solo por
la conveniencia de esa rica y hermosa poblacion sino
porque reconcentrándose todas las divisiones de este
ejército sobre esa plaza, los absolutistas que tan grandí-
sima parte tienen en estos acontecimientos aprovecharán
esta reaccion para levantar partidas y hacer renacer la
guerra fraticida que hace poco terminamos cosa que no
puede desear ninguno que profese verdaderamente sentimientos liberales mas ó menos marcados: y que es el

verdadero objeto con que tanto nuestros enemigos nacionales como estrangeros han fomentado los sucesos que
deploramos.

En vista de todo lo dicho ruego á V. E. contribuya
por cuantos medios estén á su alcance á fin de que se
restablezca el órden, pues que no debiendo dar tiempo
á que se realicen mis temores espresados sobre los carlistas en todas las provincias de Cataluña , me veré for-
zado á hostilizar esa ciudad hasta someterla á la obediencia del gobierno nacional, por mas sensible que sea á mi
corazon cuando sus habitantes que un dia me llamaron
héroe y á quienes siempre he procurado el mayor bien,
me merezcan mayor compasion, pues la salud de la patria puede exigirme este sacrificio, y los que obcecados
me obliguen á ello, habrán llenado los deseos, tanto de
los que quieren volvernos al absolutismo como de aquellos que se proponen la destruccion de nuestra industria;
pues una vez roto el fuego no cesará hasta obtener la
sumision de los que quieran continuar en rebeldía, y el
incendio y destruccion de fábricas y edificios que son
consiguientes.

Dios me libre de tan horroroso espectáculo, que pueden evitar fácilmente cuantos hombres de sano corazon
existen en Barcelona, los cuales unidos á mí tienen sobrados medios para reprimir los crímenes de aquellos
que no quieran ser dóciles á la voz de la razon y aunque
apetezcan la ocasion para el robo y el pillage. Si las
personas que influyan en Barcelona quieren hacer un
importante servicio, deben empezar por poner en plena
libertad de unirse á este ejército, á todos los gefes, oficiales y tropa que existen en la actualidad como prisioneros, restituyéndoles sus armas y cuanto les pertenezca
para que se incorporen en este ejército. Esta será la me-

jor garantía del deseo de restablecer la paz y despues un abrazo fraternal pondrá fin á tantas calamidades, y nos hará tan fuertes como necesitamos ser para contrarrestar á enemigos tan astutos que han querido hacer que hermanos se asesinen. Suplicando á V. E. que en nuestros negocios no intervengan en nada los cónsules de las demas naciones. Españoles hemos peleado y españoles solos nos entenderemos.

Ruego tambien á V.E. contribuya cuanto esté á su alcance á la plena libertad de evacuar la ciudad caso de que no sea acatada á mis deseos de todos los empleados y militares de la Administracion y Sanidad asi como de cualquier otro militar que fiel á sus juramentos quiera evacuar la ciudad; por bien de la humanidad cualquiera que sea la resolucion de los que tienen las armas en Barcelona quisiera permitiesen libre salida á todos los habitantes que lo deseen pero segun se me ha informado les está prohibido, cuando por mi parte he dejado libre hasta ahora todas las comunicaciones.

Acompaño á V. E. las copias de las alocuciones que he dirigido á los habitantes de Cataluña y al ejército pidiéndole asegurar he recibido en este cuartel general misiones de individuos de Diputaciones provinciales y é infinitos de Ayuntamientos Constitucionales de las provincias de Tarragona y Lérida, y á mas de estas acreditándome su lealtad á sus juramentos y ofreciéndome prestar toda su cooperacion para restablecer la paz.

Si en vista de cuanto dejo espuesto, esa Excma. Diputacion de acuerdo con las personas que puedan permitirlo cree conveniente avistarse conmigo en mi cuartel general, esto podrá facilitar el feliz desenlace de estos sucesos: entonces podré considerar lo que me espongan como efecto de su libre conviccion, lo que no puede suceder ahora rodeado de armas, sujetos al capricho de cada uno; pues conocedor de las revoluciones sé demasiado que el que se cree mandar en ellas es á la vez juguete y víctima de sus cómplices. Esa poblacion debe conocerme: tan humano como leal á mis juramentos, mi palabra es siempre cumplida, y si viendo á mis inocentes hijas en poder de la turba amotinada, que ni aun respetó el sagrado de un pabellon estrangero amigo y aliado presindí de su riesgo para contener la agregacion al mismo tiempo que me hacian prisionero á un parlamentario y á los que conducian los heridos; por mas que repugne á mi corazon, si se me obliga á ello estoy decidido á hacer quemar á los enemigos de la reina Isabel 2ª, de la Constitucion, y de la Regencia que la representacion nacional eligió, entre las llamas de la ciudad; pero me lisongea la esperanza de que esto no sucederá y de que mis penas desde el quince quedarán satisfechas con un abrazo fraternal. Nunca he conocido el odio, ni la venganza ni como hombre político, ni como privado. Los mismos prisioneros que hice personalmente en la Enseñanza; y que se hicieron en otras casas en el calor del mas encarnizado combate podrán decir como fueron tratados y como mi misma escolta les puso en seguridad en Atarazanas. ¿Y no se pondrá término á tantos desórdenes? Contribuyamos todos á este feliz momento con la urgencia que el caso ecsige, en el contrario no tardaré en hacer reconocer mi resolucion definitiva.

Suplico á V. E. se sirva acusarme el recibo de esta comunicacion por el mismo coronel Tur que deberá ponerla en sus manos; y contestarme lo mas pronto que pueda.

Dios guarde á V. E. muchos años. Cuartel general de S. Feliu de Llobregat 20 de Noviembre de 1842.=El Conde de Peracamps.=Excma. Diputacion de Barcelona.

Esta comunicacion fue contestada con la siguiente;

«Diputacion Provincial de Barcelona.=Excmo. Sr.= Desde el momento que la Diputacion se reunió por mandato espreso de la Junta Popular y directiva, conoció la necesidad de calmar la efervescencia de las pasiones y disponer los ánimos al restablecimiento del órden. A este patriótico objeto no ha perdonado ella ni perdona medio alguno y con el mismo ha tenido el honor de dirijirse á V. E. en varias comunicaciones. La Diputacion no desconfia de llegar, ausiliada de luces sensatas y patriotismo de las personas influyentes nombrada por el pueblo, á un término tan apetecido de todos los hombres honrados; pero V. E. conocedor de las revoluciones y del corazon humano, debe considerar que un cambio tan absoluto no puede ser repentino, sino obra de la conviccion que para formarse necesita algun tiempo. Se hace preciso, pues, que V. E. evite aquellas medidas estremas autorizadas por el derecho de la guerra en ciertas ocasiones, y particularmente en guerras estrangeras; pero reprobadas por la humanidad y por el interés nacional y jamás puestas en práctica en casos como el nuestro, en las naciones cultas siendo esto tan positivo que en el año 1823, apesar de ser estrangeros que asediaban esta ciudad rica y populosa, no llegaron al estremo fatal de arrojar contra ella proyectiles destructores. Si por estas cortas pero poderosas refleccciones no se resuelve V. E. obrar segun los deseos que la misma Diputacion deja manifestados, la Europa entera ahora y á su tiempo la historia imparcial juzgarán á V. E. y decidirán á quien fué debido el éxito feliz ó desgraciado de los acontecimientos. Con lo que se con-

testa al oficio de V. E. de ayer.—Dios guarde á V. E.
muchos años.—Barcelona 21 de noviembre de 1842.—
Excmo. Sr.—El Presidente accidental, José Pascual.—
José Borrell.—Francisco Bohigas.—Felix Ribas.—Manuel
Pers.—José Vergés.—Manuel Cabanellas.—Manuel Torrens.—José Llacayo.—Francisco Soler , Secretario. —
Excmo. Sr. Capitan General de este distrito.— »

En todas las inmediaciones de Barcelona donde estaba acantonado el ejército , circulaban ciertos rumores subversivos en primer grado , rumores que no tenian otro objeto que enconar mas y mas el ódio del soldado que se dejaba alucinar por las impresiones del momento. Los revolucionarios , decian , han degollado á todos los prisioneros! Cuantos soldados han sido encontrados en sus cuarteles han sucumbido al furor popular! Ni el sagrado de un hospital donde quizás abrumado por el dolor que le causan sus heridas ecsala un valiente su postrer suspiro , ha tenido menos suerte!!!! Atroz impostura ! Es posible que haya sobre la tierra seres humanos capaces de abrigar un corazon tan corrompido! El abrigo , la hospitalidad que los gefes , oficiales y soldados recibieron en Barcelona en aquellos terribles momentos, seguramente no tiene ejemplar en la historia del mundo civilizado. Esos revolucionarios , esos furiosos demagogos disputábanse la preferencia para socorrer á sus hermanos del egército ; su filantropía llegó hasta tal punto de hospedarles en sus propias moradas guareciéndose de este modo del rigor del invierno.

Á proporcion que iban acreciendo dichos rumores, aumentábase tambien el prestigio del general Zurbano entre los soldados que no deseaban otra cosa sino que les guiase al asalto de la ciudad. Así era, que todas las veces que se dirigia al cuartel general. era victoreado por las fuerzas que encontraba á su tránsito de *viva Zurbano*, á lo que contestaba, *viva el Regente; viva la Constitucion* gritaba el egército ; y añadia el general, *del año 37 ni mas ni menos.* Estas contestaciones eran recibidas con vivísimos aplausos, de modo que llegó á temerse una insurreccion.

El general en gefe Van-Halen no podia ignorar cuanto á su alrededor pasaba, veia como su reputacion, su prestigio iba decayendo por momentos cuando una circunstancia que este militar supo muy bien aprovechar vino á mudar enteramente la faz de su vacilante situacion.

Como pudiese lograr este general que algunos gefes, oficiales y soldados detenidos en Barcelona por razon de las circunstancias volviesen á incorporarse á sus respectivos cuerpos, dió la casualidad que pasase esa pequeña columna frente la casa habitacion de S. E. en el preciso momento en que estaba asomado en el balcon. — *Muchachos,* les gritó, *de donde venís? — De Barcelona, Excmo. Sr.*, contestaron. — *Cómo os han trata do los revolucionarios? — Perfectamente, su con ducta para con nosotros puede servir de modelo á los actos mas generosos y filantrópicos que ejerce el corazon húmano. — Yo me alegro, ca maradas; ahora, cada cual que se vuelva á in corporarse á su compañía.* Esta sencilla conver sacion tenida en medio del dia, delante un nu meroso concurso y no pudiendo nadie dudar de su certeza, produjo los efectos que eran de espe rar. Los soldados conocieron bien luego su error y la facilidad con que habian dejado alucinarse; y los que antes en medio de su ceguedad y de su encono pateaban de corage para poder ser los pri meros al asalto, atendido ahora á lo que acaba ban de presenciar, no podian menos de rendir el mas solemne homenage á la magnanimidad ultra jada. Desde este momento el general Van-Halen volvió á recobrar todo su prestigio entre sus su bordinados viniendo á ser tan grande cual jamás haya sido.

El estracto de los partes que este gefe diri gió al Sr. Ministro de la Guerra con motivo de las ocurrencias de esta capital es como sigue:

En comunicacion de 14 del corriente mes manifestó el Capitan General de Cataluña que hacía algunos dias

que se anunciaba un alboroto, para el que debia apro-
vecharse la primera coyuntura favorable, ya fuese con
pretesto del embarque del tabaco de la suprimida fábrica, ya para oponerse á la quinta, y tambien haciendo
correr la voz de que el Gobierno habia impuesto una
contribucion para reedificar la ciudadela. Que al anochecer del 13, al tiempo de entrar por la puerta del Angel
el considerable número de gente que acostumbra salir de
la plaza en los dias festivos, trataron algunos paisanos de
introducir vino de contrabando; y oponiéndose á ello un
individuo del resguardo, se resistió el contrabandista, teniendo por lo tanto que acudir la guardia al socorro de
aquel. Visto por el paisanaje la oposicion que se hacia á
dichos contrabandistas, trató de protejerlos, y simultá-
neamente lo hizo tambien al resguardo la tropa que estaba de guardia en la mencionada puerta, de cuyo lance
parcial tomaron pretexto los alborotadores para llevar á
cabo el desórden premeditado, tirando algunas piedras á
la guardia, que sin hacer uso de sus armas, despejó el
frente del puesto, dando parte á la plaza por medio de
un soldado que tuvo que guarecerse en la prevencion
del 5º batallon de la Milicia Nacional para evitar el ser
preso por un grupo de gente.

Sabedor el capitan general y el gefe político de dicha
ocurrencia, el primero mandó reforzar la guardia de dicha puerta, y el segundo tomando fuerza del regimiento
de Guadalajara marchó á la plaza de la Constitucion, en
donde se habian reunido grupos de 300 á 400 personas,
algunas con armas, pidiendo que se constituyese en sesion el ayuntamiento. Que facilitó ademas al gefe político
50 caballos que le pidió, y dispuso que la guarnicion se
pusiese sobre las armas. Al entrar dicho gefe con 70
hombres y un ayudante en la referida plaza se oyó un

tiro, y á la órden que dió de que se cargasen las armas
se dispersaron los grupos. Que poco despues súpo dicho
capitan general que en el cuartel del tercer batallon de
la milicia nacional se reunian varios individuos del mismo
tumultuariamente, y que habian detenido y desarmado á
algunos oficiales , sargentos y soldados que se dirigian á
sus cuarteles ó iban á llevar órdenes, conservándolos como rehenes ó prisioneros , y dirigiéndoles espresiones in-
sultantes. Sin embargo , al poco tiempo los soltaron , y
fueron presos en dicho cuartel por el gefe político varios
nacionales , contra los cuales se seguia causa , asi como
contra los redactores del *Republicano* y otras personas
sospechosas que se habian reunido en la redaccion de
aquel periódico, en donde encontró tambien el referido
gefe político armas prohibidas, y otras de la Milicia nacional con municiones. Las tropas permanecieron sobre
las armas hasta las seis de la mañana del 14, desde cuya
hora solo quedaron retenes en todos los cuarteles.

A las once de aquel dia recibió dos oficios de la mencionada autoridad política anunciándole que habia varios
grupos en la plaza de la Constitucion ; que su objeto al
parecer era que se tocase generala á las doce de aquel
dia para armarse , y en el trastorno pedir la libertad de
los que en la noche anterior se habian reducido á pri-
sion, y aun quemar las listas que se hallaban formadas
para la quinta ; que en su vista habia dado órden al alcalde primero constitucional para que pusiese un fuerte
reten de la milicia ciudadana, y que con la misma ocupase aquellos puntos que fuesen mas oportunos, dándole
de todo conocimiento ; y por último que en vista de tal
situacion juzgaba oportuno el que se volviese á poner
sobre las armas la guarnicion, que recorriesen fuertes patrullas de caballería la ciudad, como lo estaban haciendo

de igual arma de la Milicia Nacional, con la consigna de
que si hubiese alborotos dispersasen los grupos, y finalmente que pusiese un reten de 50 caballos en Atarazanas
á su disposición, cuyas medidas dice el capitan general
que se llevaron á efecto volviendo á ponerse la guarnicion sobre las armas, sin otra ocurrencia que la de haber
sido preso en la madrugada del mismo dia 14 uno que se
apellidaba Francisco Costa, y que despues confesó ser D.
Ignacio Montalvo, oficial del regimiento infantería de la
Albuera, que habia desertado de él y marchado á Francia con pasaporte de paisano, que obtuvo furtivamente.

Con fecha del dia 15 á las doce de la noche desde la
ciudadela de Barcelona el mismo capitan general manifiesta, como continuacion de su parte anterior, que la
tranquilidad pública se habia ido alterando cada vez mas;
que los diez batallones de la Milicia Nacional y muchos
individuos que no pertenecen á ellos ocupaban la plaza
de S. Jaime y otros puntos de la ciudad; que reunidos
en junta en la habitacion del gefe político á donde pasó,
y tambien concurrieron los alcaldes y comandantes de la
citada milicia para ofrecerles cuanto apoyo estuviese á su
alcance, dió por resultado esta reunion el que á las diez
de la noche del 14 avisasen todos los comandantes haberse retirado á sus casas la mayor parte de sus respectivas
fuerzas, que ya habian construido barricadas en todos
los alrededores de la plaza de la Constitucion; que sin
embargo quedó una gran parte de fuerza en la plaza de
San Jaime é inmediaciones que no quiso obedecer á sus
gefes, no siendo dable fijar su número por estar ocupando las casas; que á las siete de la mañana del dia
15, perdidas todas las esperanzas de que fuesen obede-
cidas por los sublevados las autoridades civiles, se dispuso el ataque de la plaza de San Jaime en tres direc-

6

ciones con la fuerza disponible de los regimientos de Zamora, Saboya y Guadalajara y la Artillería; pero que encontrando una resistencia tenaz por el nutrido fuego y objetos que se arrojaban á las columnas de ataque desde las casas y azoteas, todos los esfuerzos del valor mas decidido no tuvieron otro resultado que al aprocsimarse hasta las casas que daban al Call y hasta la plazuela del Angel y el hacer 120 prisioneros: pero que no pudiendo dar á los coroneles de los referidos cuerpos los refuerzos que le pedian por no contar con mas reserva que unos 200 hombres del regimiento de Almanza, que con la caballería hacian frente al ataque que se les dirigia por todas las calles y edificios que dan á la Rambla donde estaban situados, y en vista tambien de que los reunidos en la citada plaza, aumentados considerablemente pidieron en aquellos momentos que se suspendiese el fuego, protestando de que acto continuo se retirarian á sus casas, convino en ello á fin de ver si era posible conseguir que no se repitiesen las hostilidades.

Los sublevados, dice, no cumplieron ninguno de sus ofrecimientos; y observando que la insurreccion era general, y la muralla escalada por diferentes parajes, subiendo por ella batallones de gente armada de los pueblos inmediatos, mandó replegar las tropas á la Ciudadela, Atarazanas y cuartel de los Estudios, reforzando á Monjuí. Que todas las protestas de entrar en el órden no habian sido cumplidas, continuando el fuego sin interrupcion al frente de aquella Ciudadela por tiradores encubiertos en las casas; que no tenia con quien entenderse en la ciudad, porque el gefe político estaba con él y algunos alcaldes en Atarazanas, que la fuerza reunida en la Ciudadela no pasaba de 1500 hombres, á quienes no tenia que dar de comer al siguiente dia, sin que con-

tinuando el estado de hostilidad tuviese esperanzas de
lograr víveres de la poblacion, concluyendo con manifestar que el provincial de Salamanca que acababa de
llegar á aquellas inmediaciones daba órden para que en
la madrugada del siguiente dia 16 entrase en ella con los
víveres que pudiera reunir, y á los comandantes generales de las provincias para que despues de dejar cubiertas las plazas se acercasen á la capital con las fuerzas disponibles. Elogia el sufrimiento y admirable disciplina de
las tropas.

El mismo capitan general desde la Ciudadela de Barcelona con fecha 16 del corriente mes á las seis de la
tarde dice que desde su parte anterior han seguido entrando en la ciudad Nacionales y paisanos de diferentes
pueblos, continuando casi sin interrupcion el tiroteo
contra aquella ciudadela, á pesar de las promesas hechas
en sentido contrario por la junta provisional de Barcelona, á quien habia pasado una comunicacion en aquel
mismo dia manifestándola, que para evitar la continuacion del deplorable acontecimiento que siempre afligia
el corazon de los liberales españoles nada habia omitido
para cumplir cuanto ofreció cuando dispuso se suspendiese el fuego: que conocia la dificultad de impedir to-
talmente las hostilidades por de pronto; pero que era
preciso poner término á una situacion tan crítica que
amenazaba los mayores males á la poblacion mas rica é
industriosa de España; que á este fin encontrarian dispuesto cuantos en Barcelona deseasen el triunfo de las
instituciones que felizmente rigen; pero que para ello
era preciso que cesase toda hostilidad y los continuos tiros sin otro objeto que mantener la alarma: que estaba
decidido con todos sus subordinados á cumplir con sus
deberes si se les obligaba á ello; pero que en caso con-

trario pronto estarian juntos, dispuestos á combatir por la libertad mas expuesta que nunca cuando no manda la ley ni ecsiste el órden; que la autoridad que mas influjo ejerciese en la ciudad nombrase sus comisionados, que poniéndose de acuerdo con él hiciesen todos un gran servicio á la patria; que los prisioneros que tenia en su poder hubieran ya sido puestos en libertad si por los habitantes de la poblacion hubiera cesado el fuego, concluyendo con recomendarles que urgía mucho este arreglo para bien de la poblacion.

En consecuencia de dicha comunicacion, dice el referido capitan general que se le presentó un comisionado de la espresada junta protestando en nombre de ella que no podia hacerse obedecer para que cesase el fuego y la construccion de infinidad de barricadas, y algunas baterías, pero que iba á publicar un bando severo para impedir todos los desórdenes, pues de otro modo nadie podia entenderse. El capitan general añade que ha cumplido sus ofertas análogas á las de la junta; pero que faltando por la otra parte á ellas con un fuego muy nutrido, al mismo tiempo que intentaron ocupar el jardin, se vió en la precision de hacer uso de la artillería de aquella ciudadela y de los fuertes de Atarazanas y Monjuí contra la plaza; pero que cesó el fuego tan pronto como fué apagado el de la poblacion. Que en aquel dia se le habia incorporado el batallon de Salamanca y parte de uno del Infante; que tenia comunicaciones de Monjuí y Atarazanas, donde reinaba entre las tropas lealtad y decision, y que el gobierno podia estar seguro de que su conducta seria la mas propia de las circunstancias en que se encontraba aquella poblacion.

El mismo capitan general desde S. Feliu de Llobregat en 18 del corriente mes hace una reseña de sus co-

municaciones anteriores, indicando los medios, que tanto
por él como por el gefe político de Barcelona, se pusie-
ron en práctica para tranquilizar y disuadir á los sublevados de su intento, convenciéndose que las esposiciones
que hacian por medio de sus comisionados y de los comandantes de la milicia nacional, como ha visto despues,
no tenian mas objeto que ganar tiempo á fin de organi-
zar una defensa general en la poblacion combinada con
los nacionales de las inmediaciones. Acompaña un ejemplar del bando que publicó el 14 por la tarde el gefe
político de Barcelona, dirigido á prohibir la reunion de
otra fuerza armada que la del ejército y la de la milicia
nacional, autorizada competentemente por la autoridad
local, y á que cualquier grupo que pasase de diez individuos, que á la intimacion de tres avisos no se disolviese
y retirase lo dispersáran á viva fuerza las patrullas dedi-
cadas á sostener el órden público.

En seguida el capitan general indica los medios que
adoptó en la madrugada del dia 15 para atacar la plaza
de S. Jaime en vista de la negativa á retirarse los grupos
que en ella se encontraban, que para esta operacion solo
podia disponer de 2000 hombres, eligiendo para el ataque principal la fuerza del regimiento de Saboya y zapadores con dos piezas de montaña, sostenida por cuatro
rodadas, que dirigió á tomar el convento de la Misericor-
dia y manzana adyacente para desembocar por élla á la
zapa en la plaza, al mismo tiempo que parte del regimiento de Zamora con dos piezas de montaña avanzaba
por la Plateria, y 200 hombres del de Guadalajara por
la Boqueria, quedando una compañía del de Almansa de
reserva en la Rambla con parte de la caballería cuyo resto
se situó en las inmediaciones de palacio; que apenas el
primer cañonazo anunció el ataque al convento de la Mi-

sericordia se generalizó el fuego en todos los parajes de
la ciudad cayendo sobre las tropas multitud de proyectiles arrojados desde las azoteas, donde estaban ocultos, al
mismo tiempo que se les hacia á cubierto un fuego cer-
tero, y que la muralla era escalada por los nacionales de
las afueras; que sin embargo fue tomado dicho convento
y gran parte de la manzana por Saboya, en cuyo ataque
se hicieron 100 prisioneros, y tuvo herido su caballo,
que por la dificultad del terreno se adelantaba muy poco
por los otros puntos de ataque; pero que el ir á desembocar ya la plaza Saboya, los sublevados hicieron señal
de suspender el fuego ofreciendo retirarse si lo hacian las
tropas; que aunque conoció que no era ingenua su oferta
sin embargo su posicion ecsijia que concentrase sus fuerzas, y lo verificó sobre los cuarteles de Estudios, Atarazanas y glasis de la Ciudadela; conviniendo en suspender
las hostilidades, puesto que todos los que se presentaban
decian que los habian engañado sus gefes, y que defen-
dian las tropas, pidiendo que se pusiesen en libertad los
presos de la noche del 15 para que se disuadiesen los
ilusos á lo que el gefe político no accedió mientras no
se sometiesen á las leyes y prestasen entera obediencia al
gobierno; que el fuego se aumentó progresivamente, y
en tal estado hizo entrar en su cuartel á Guadalajara, y
á Almansa en Atarazanas, y que con la fuerza de Zamora
y Saboya se estableció en la Ciudadela para dar descanso
á la fatiga de 48 horas que llevaban las tropas, procurando disuadir al pueblo del error en que estaba, y conven-
cerle de que todo era efecto de intrigas de los enemigos
del órden.

El mando de Atarazanas, dice, lo confió al brigadier
D. Vicente de Castro, previniendo al gobernador de Monjuí que "si los ataques se empeñaban contra los fuertes

que ocupaban las tropas, rompiese el fuego sobre la ciudad salvando los puntos que ocupaban aquellas. Que durante la noche del 15 se ocupó la tropa que guarnecia la ciudadela en poner en estado de defensa el lienzo derruido de ella, situando en batería las piezas que fué posible, sin descansar despues de 48 horas que no habian podido sacar raciones ni comprar ranchos. Que las comunicaciones se hicieron impracticables con el cuartel de Estudios, y solo con dificultad pudo sostenerlas con Atarazanas y Monjuí; que dispuso que los comandantes de los buques de guerra se pusiesen en comunicacion con él y con dichos fuertes, y que el vapor «Isabel II» desembarcase en la playa las tropas que le habia mandado trasportar desde Mataró, situándose con los demas buques á la inmediacion del fuerte de S. Carlos. Que lo mismo pidió al comandante de la estacion francesa; y que habiendo venido á verle el 16, llevaba á bordo la esposa del general Zabala, la del gefe político, sus hijas y otras señoras que fueron arrancadas por los sublevados del bote donde flotaba el pabellon frances; que aquella misma tarde rompió un fuego vivo de mortero, cañon y fusilería desde todos los fuertes sobre la ciudad á consecuencia de haber hecho prisionero á un comandante de estado mayor y tropa que le acompañaba para conducir en camillas los heridos al hospital de la plaza, segun lo habia convenido con los sublevados. Que agotados ya los víveres que condujo el provincial de Salamanca y 130 hombres del Infante que se le incorporaron el 16 en la ciudadela, resolvió evacuar las ruinas de aquella posicion, no tan solo para proporcionar víveres á las tropas, sino para introducirlos tambien en Monjuí, cuya conservacion era infinitamente mas importante. Que en su consecuencia en la noche del 17 se verificó la salida de la

guarnicion y familias de los militares , que en considerable número se habian acogido á la Citfdadela, cuya operacion, á pesar de su gran dificultad, dice se hizo sin que
el enemigo la percibiese hasta el dia , llegando á Sarriá
sin otro inconveniente que el que fuesen cogidos por los
nacionales de Gracia algunos rezagados.

En esta poblacion dice que recibió contestacion del
gobernador de Monjuí al oficio que le dirigiera para su
conocimiento y el de Atarazanas de su salida de la Ciudadela con el objeto de socorrerlos, y al mismo tiempo
mantener expeditas las comunicaciones con las provincias. Incluye copia de dos oficios del gobernador de Monjuí, el primero del 17, asegurándole que aquel fuerte se
mantendria leal á las órdenes de su general, y en el segundo del 18 participándole que una comision, compuesta de los cónsules de Inglaterra y Francia, de un
individuo de la Diputacion provincial de Barcelona y
otro de la Junta popular de la misma, se le habia presentado pidiendo que no se hostilizase la poblacion en el
concepto de que tampoco lo haria esta al castillo, á lo
cual contestó aquel gobernador que obraria segun las instrucciones que tenia del capitan general, único gefe á
quien reconocia, sin perjuicio de que por su parte hiciese sin salirse de ellas cuanto le fuera posible en favor
de la poblacion, é indicándoles tambien el punto en donde podrian ver y conferenciar con aquel gefe militar, á
quien suponian en dicho fuerte, y á quien principalmente iban dirijidos.

Concluye el mismo capitan general su comunicacion
indicando que en la noche del 17 llegó á San Feliu de
Llobregat, donde se ocupa sin descanso en la reunion
de víveres que el buen espíritu de los pueblos de aquella ribera le proporcionan ; que ha oficiado á los inten-

dentes de provincia para que inmediatamente y bajo su responsabilidad le remitan fondos efectivos para socorrer los cuerpos, pues que no llegaron á recogerse los 82000 duros que el gobierno tenia dispuestos del producto de billetes del tesoro; que ha mandado tambien á los comandantes generales que le auxilien con las fuerzas que tengan disponibles, y finalmente que aun cuando no puede dar una noticia exsacta de los bizarros gefes, oficiales y tropa que han perecido, la gradua en 400 hombres entre muertos y heridos.

Con la misma fecha del 18 del corriente mes desde S. Feliu de Llobregat, el capitan general dá conocimiento de que se le ha presentado, procedente de Barcelona, una comision compuesta de los cónsules Inglés y Francés, un individuo de la Dipntacion provincial y otro de la Junta que los revoltosos han formado; que habien-do oido primero sin mas testigos á los referidos cónsules, le manifestaron que su mision se reducia (no como representantes de las naciones, sino para bien de la humanidad) á pedirle que no ofendiese á la poblacion de Barcelona con los fuegos de Monjuí mientras se lo permitiesen sus deberes, indicándole que habia ya capitulado la fuerza que guarnecia el cuartel de los Estudios y Atarazanas; á lo que contestó que habia economizado todo lo posible el hacer daño á la poblacion; que no podian contraer compromiso ninguno para hacer rebajar su derecho con el fin de emplear los medios que pudiéra para someter á los sublevados, los cuales por esperiencia se sabia que habian faltado á cuanto prometieron hasta hacer prisioneros á los que fueron de parlamento ó conducian heridos al hospital en virtud de convenios anteriores, con los que se titulaban representantes del pueblo, é impidiendo tambien la entrada de subsistencias en todos los puntos ocupados por la tropa, sin embargo de haberles dado ejemplo con la generosidad de soltar 150 prisioneros que les habia hecho. Que en seguida recibió á los otros dos comisionados que le entregaron dos comunicaciones, una de la Diputación provincial y otra de la Junta popular directiva de Barcelona; en la primera de la Diputacion se hace una reseña de la situacion lamentable en que se halla aquella ciudad por el abandono en que dice al parecer la han dejado sus autoridades, la terrible anarquía á que podia reducirla tal estado de horfandad, y el espantoso porvenir que se presenta si vuelven á reproducirse las hostilidades, pidiendo en consecuencia que se disponga lo conveniente por el capitan general para que no vuelvan á repetirse los ataques contra tan importante poblacion coadyuvando de este modo á restituir la calma de que tanto necesita y el resto del principado. En la segunda comunicacion de la Junta popular se dice al capitan general, que habiendo sacudido Barcelona el yugo que intentaba ponérsele, y los pueblos de su provincia dispuestos á seguir tan noble movimiento, la presencia de las tropas en aquel territorio podria dar lugar á escenas desagradables que no tendrian otro resultado que el derramamiento de sangre española; que por lo tanto la Junta se dirigia al referido capitan general esperando que sin pérdida de momento saliese con todas sus fuerzas de los confines de aquella provincia, dando antes la disposiciones oportunas para la entrega del fuerte de Monjui, pudiendo contar como se lo prometia que serian respetadas las vidas y propiedades y cuanto se encontrase en él, así como lo habian sido las de los que se han rendido en los otros fuertes de la plaza, que de lo contrario se veria la Junta en la triste precision de levantar un

~~somaten general~~ en toda la ~~provincia~~; y en este caso no dan cuartel á nadie.

El capitan general dice que á dichos representantes ha contestado de palabra lo mismo que habia manifestado á los cónsules, sin embargo de que lo hará por escrito á la Diputacion provincial, como lo ha verificado con la misma fecha del 18, indicándola que los males que afligen á Barcelona los causan los que sin justo motivo han hostilizado á las tropas; que por su parte no puede renunciar á los medios que posee para restablecer el órden público, y hacer respetar la Constitucion y el trono de Isabel II, interin que del gobierno recibe instrucciones, y que por lo tanto para conseguir lo que la misma Diputacion desea era preciso empezar que no se hiciese ningun acto hostil contra las tropas nacionales y los fieles á sus juramentos, que de lo contrario la fuerza seria repelida con la fuerza, empleando cuantos medios estuvieran á su alcance para hacer triunfar la ley; y finalmente que como base de todo acomodamiento era preciso que aquella poblacion entrase en el órden legal.

Concluye el capitan general su comunicacion manifestando que tiene ya reunidos víveres para introducir en el castillo de Monjuí, y asi que lo verifique irá reconcentrando fuerzas, y sacará todo el partido que permita n las circunstancias, añadiendo por último que en virtud de reclamacion del cónsul francés fueron devueltas sus hijas y demas señoras que habian sido cogidas bajo el pabellon francés en la mañana del dia 16.»

Desde luego se conoce que los partes que anteceden no son escritos con aquella detencion é imparcialidad cual requiere la gravedad del objeto

de que se trata ; para convencerse de esta verdad
basta hacer un ligero ecsámen de las principales
materias contenidas en la esposicion de los referidos partes y dar luego una ojeada á los hechos
que los motivaron.

. El dia 24 por la mañana enviaron emisarios
al cuartel general con el objeto de hacer circular
entre todas las clases del ejército, egemplares de
la proclama que á continuacion se espresa :

Al ejército.

Beneméritos individuos de todas graduaciones del ejército. Voces proferidas por seres pérfidos espúreos de la
patria propalan por do quiera el desacuerdo y el odio
que suponen ecsistir entre el pueblo y los militares ac-
tualmente hallados en Barcelona. ¡Impostura atroz y ma-
ligna! Ella por fortuna es desmentida por hechos palpa-
bles, por el testimonio irrecusable de la poblacion entera
y de los militares que en ella disfrutan de paz, de con-
sideraciones, de respetos y de socorros suministrados por
la Junta. Díganlo los individuos de los batallones de Almansa, de Guadalajara, de Africa, de América, de Saboya,
de las baterías de artillería y de caballería número 12,
cuyas simpatías nos hacen conocer su agradecimiento.

La historia tiene reservada una hermosa página para consignar este acto súblime de grandiosidad. Despues de la lucha , Barcelona ha abrazado á sus antagónistas y ha mostrado un justo sentimiento de piedad. Este es el distintivo de los liberales , este es el corazon de los barceloneses.

En el descurso entero del dia, y en la oscuridad de la noche, los militares transitan por la capital de la provincia con seguridad , con todas las garantías. El que desmienta este hecho es un impostor. En Barcelona ecsiste el órden , la buena armonía entre militares y paisanos. Vengan los detractores, pregunten, hagan las esploraciones mas severas. Ellos serán testigos del alimento que recibe el soldado y de la tranquilidad de que disfruta. Estos mismos consuelos están reservados para los que acudan á afiliarse en la bandera que ha enarbolado la Junta.

¡Que esperais, pues, valientes del ejército! Venid á recibir el abrazo de vuestros compatriotas y conoced de una vez la mano de hierro que intenta sumirnos en la mas degradante miseria.

Barcelona 21 de noviembre de 1842.=El Presidente, Juan Manuel Carsy.=Fernando Abella.=Antonio Brunet. =Ramon Cartró.=Jaime Vidal y Gual.=Bernardo Xiuxola.=Benito Garriga.=Jaime Giralt, secretario.

A la mañana de este dia empezó la Junta dar disposiciones para la creacion de una nueva fuerza armada bajo la denominacion de *Tiradores de la Patria*, vulgarmente conocida con el nombre de *Patuleas*.

Acudieron á tomar las armas para el servicio

de esta bandera varios soldados y un crecido número de paisanos del bajo pueblo, cuya fuerza no pudo ascender nunca á 1500 plazas. El haber de cada individuo era socorrido diariamente á razon de 4 reales y el pan. Para que esta disposicion pudiese llegar á noticia de todos publicóse el siguiente llamamiento:

Al público.

Una victoria gloriosa é inmarcesible seria nula en sus consecuencias, si el abandono y el letargo sucediesen á los esfuerzos heróicos de las armas vencedoras.

Las circunstancias exigen constancia, energía y valor.

La Junta, pues, ha acordado crear unos batallones con el honoroso título de *Tiradores de la Patria.*

Los jóvenes que quieran inscribirse, podrán presentarse en las Casas Consistoriales; en la inteligencia de que disfrutarán el haber de 4 rs. y el pan, diario; ademas del equipo que les será entregado en el momento del enganche y serán afiliados como cuerpos francos.

Barcelona 21 de noviembre de 1842.—El presidente, Juan Manuel Carsy.—Fernando Abella.—Ramón Cartró. =Antonio Brunet.—Bernardo Xinxola.—Benito Garriga. =Jaime Vidal y Gual.—Jaime Giralt, secretario.

La Junta popular queria de todos modos que los empleados y dependientes del gobierno reconociesen su autoridad, como y tambien impedir que se ausentasen de la capital con los papeles ú otros efectos pertenecientes á sus respectivos destinos; á fin de precaverlo tuvo á bien mandar lo siguiente:

Al público.

Ha llegado á noticia de esta junta que varios empleados se hallan temerosos de que se les deponga; aunque no haya justo motivo para ello; y deseosa de disipar toda duda sobre este punto, esplicitamente declara, que serán respetados en sus empleos todos los que reconozcan la autoridad de la junta y prosigan bajo sus órdenes cumpliendo fielmente los deberes de su cargo. Al mismo tiempo se previene que serán detenidos los empleados que traten de fugarse de esta ciudad y castigados ejemplarmente caso de intentar llevarse los papeles ó demas efectos de cualquier clase pertenecientes á sus respectivos destinos ú oficinas.

Por último, si llegare el caso de tener que proveer alguna vacante lo practicará la junta por nombramiento interino, y se publicará en los periódicos por si merece la aprobacion general.

Barcelona 21 de Noviembre de 1842.=El Presidente, Juan Manuel Carsy.=Fernando Abella.=Ramon Cartró.=

Antonio Branet.==Bernardo Xinkola.==Benito Garriga.==
Jaime Vidal y Gual.==Jaime Giralt, secretario.

Barcelona desde el principio de la revolucion
habia quedado huérfana de sus mas inmediatas
autoridades, de su cuerpo Municipal. Transcurrieron algunos dias y los Diputados provinciales
imitaron su egemplo á impulso quizás de los nin-
gunos resultados que producian sus acuerdos. La
Junta directiva no podia absolutamente dar cima
á tantos trabajos, entorpecíanse á cada paso los
negocios por la confusion é incapacidad en algunos que tenian á su cargo desempeñarlos, viniendo
á parar en último resultado paralizarse la mayor
parte de los que necesitaban mas pronta egecucion.

En el duro conflicto, en la azarosa situacion
que la ciudad se encontraba, preciso era escogitar
medios para no dilatar por mas tiempo su horfandad. Los medios mas prontos, mas eficaces,
eran escoger hombres cuales requerian las circunstancias del momento que con su valor y popularidad supiesen hacer frente á la desecha borrasca
que amenazaba envolver la capital. Esos hombres
habían de ser llamados para la formación de un
nuevo Cuerpo Municipal.

Como las leyes habian perdido su ordinario
curso, necesariamente cuantos actos emanaban de
las autoridades bien fuesen por eleccion, bien por

nombramiento, habian dé resentirse del mismo defecto. Asi fué, que si bien algunos alcaldes de barrio y varios nacionales se reunieron en las Casas Consistoriales para proceder á la eleccion de un nuevo Ayuntamiento, sus trabajos distaron mucho de merecer la aprobacion del pueblo por cuanto el nombramiento de los ciudadanos á quienes habia recaido semejante eleccion, no lo consideraba idóneo para que desempeñasen con fruto tan arduo cometido.

A las 12 de la mañana del 24 se instaló el nuevo Consejo Municipal, habiendo admitido sus cargos cuantos individuos se hallaban á la sazon en esta ciudad. Hé aquí los sujetos que lo componian;

ALCALDES.

D. Ignacio Galí.
D. Antonio Santamaria.
D. Ramon Folch.
D. José Torres y Riera.
D. Juan Baessa.
D. Domingo Ferrando.

REGIDORES.

D. José Armenter.
D. Ramon Martí y Maselis.
D. José Comas.

7

D. Pascual Jessa.

D. José Jordana.

D. Babil Larumbe.

D. José Martí.

D. Antonio Sala.

D. Narciso Andreu.

D. Joaquin Castells.

D. José Vidal.

D. Antonio Vallescá.

D. Pedro Mora.

D. Ramon Viscarruez.

D. José Furnells.

D. Agustin Artigas.

E. Cayetano Gasull.

D. Joaquin Safont.

D. Ramon Jané.

D. Miguel Gelabert.

D. José Fabra.

D. Pablo Armengol.

D. Manuel Cetti.

D. Agustin Roca.

SÍNDICOS.

D. José Maria Bosch y Patzi.

D. José Armís.

D. Francisco Jaquez.

D. Diego Gras.

D. Antonio Almirall.

Inmediatamente de haber tomado posesion de sus destinos, hicieron pública su profesion de fé con la siguiente alocucion:

Ciudadanos.

Una comision municipal provisional acaba de ser instalada. Esta os dirige la palabra y en la perentoriedad del tiempo aperas puede deciros otra cosa, sino que secundará con viveza y actividad el movimiento que unánimes habeis hecho. Si cumplirá ó no con fidelidad su deber, tanto en los ramos que estén á su cargo como en sus comisiones, podréis saberlo: todos sus actos serán públicos, y públicas serán sus sesiones ordinarias; y á mayor abundamiento, admitirá cualesquiera proposicion que se le haga por escrito cuya tendencia sea mejorar la posicion del pueblo.

Patria y Libertad. Barcelona 21 de Noviembre de 1842.—Ignacio Galí.—Antonio Santamaria.—Ramon Folch.—José Torres y Riera.—Juan Baesa.—José Armenter.—José Comas y Roselló.—Pascual Gessa.—Babil Larumbe.—Narciso Andreu.—Joaquin Castells.—José Vidal.—Antonio Vallescá.—Pedro Mora.—Ramon Viscarruez—José Funells.—Gayetano Gasull y Saladrigas.—Joaquin Safont.—Pablo Armengol.—Manuel Setti.—José María Bosch y Patzi.—Francisco Jacas.—Diego Gras.—Gayetano Almirall y Fortbona.—Agustin Artigas.—Antonio Sala.

Por acuerdo de la comision, Sebastian Bataller, subsecretario.

A las diez de la mañana del 22 mandó la Junta fijar en los parages acostumbrados de esta ciudad el siguiente manifiesto :

Ciudadanos.

La Junta de Gobierno de esta Provincia , apremiada por atenciones inmensas y de un órden superior al puramente local , se convenció de que sus tareas debian ser mas estensas y mas influyentes que las confiadas á los cuerpos municipales.

Barcelona por su poblacion y por sus intereses , no debia por otra parte carecer de la proteccion que siempre proporciona un Ayuntamiento por los mismos deberes que tiene que cumplir.

Esta cuestion presentaba sin embargo inumerables inconvenientes porque ni la eleccion normal era propia de las circunstancias , ni era tampoco oportuno apelar á las disposiciones que alguna vez se han puesto en práctica. La formacion pues de un Ayuntamiento era imposible bajo ambos respectos.

La necesidad , no obstante , aconsejaba la adopcion de una medida estraordinaria. Por esto creyó la Junta que el temperamento mas prudente era elegir personas, que en medio de los obstáculos de la situacion , tuviesen un ánimo bastante decidido para ausiliar y secundar los trabajos mas indispensables con limitacion á la parte puramente local.

Invitados los indivíduos elegidos, se han impuesto un sacrificio que acredita su civismo y sus sentimientos patrióticos. Confiada á ellos la comision municipal, en calidad de provisionalmente, llenarán el objeto que se ha propuesto la Junta, que es el de segregarse de las ocupaciones locales durante las presentes circunstancias, hasta que con mas sosiego pueda nombrarse un Ayuntamiento con las formalidades prescritas por las leyes.

Barcelona 22 de noviembre de 1842.=El presidente, Juan Manuel Carsy.=Fernando Abella.=Ramon Cartró. =Antonio Brunet.=Bernardo Xinxola.=Benito Garriga. =Jaime Vidal y Gual.=Jaime Giralt, secretario.

Como se ha notado ya, esa nueva corporacion encontró muy pocas simpatías en la generalidad de los que debian ser sus representados ; no porque los que la componian dejasen de estar conformes con los principios que se habian proclamado, ni porque pudiesen arredrarse á la sombra del peligro, pues conocido era su denuedo y su personal valor ; nada de esto recababa su prestigio, el pueblo veneraba sus virtudes, su civismo, pero tampoco podia ocultársele que sus luces no alcanzaban de ningun modo para salir airosos del resbaladizo terreno que debian pisar sus plantas. Llegaron algunas quejas á oidos de los Alcaldes de barrio, quienes por su parte reprobaban tambien la eleccion á que habian procedido algunos de sus compañeros ; y sin otra mira ni interés que el de poner término al descontento que por todas partes se notaba, trataron de reunirse en junta, donde se manifestó la peligrosa situacion en que se encontraba la capital atendidas las noticias que se recibian del ejército, la poca confianza que inspiraba al pueblo la corporacion nuevamente creada y el ningun fruto que á su juicio podia esperarse de semejante eleccion, y en vista de todo lo espuesto, se acordó que una comision de su seno se avistase con el Presidente de la Junta manifestándole la necesidad que habia de la pronta disolucion de las autoridades nuevamente constituidas. El Presidente de la Junta directiva debió tomar en consideracion las razones aducidas por la referida comision, en cuanto á los cuatro dias de haberse instalado la corporacion municipal se disolvió.

Empezaba á cundir la voz de que el general Van-Halen intentaba arrojar bombas incendiarias á la ciudad, so pretesto de ser necesaria la presencia de las tropas en el interior del pais. Determinábase precisamente la hora en que el castillo de Monjuí habia de romper el fuego, y aplazándola, llegada esta, para mas tarde. Sin embargo, nadie podia persuadirse que la obcecacion de un general español llegase hasta tal punto de confundir en su venganza á los revoltosos que le hicieron frente y á las desvalidas mugeres y á los inocentes niños; nadie podia dar crédito á una disposicion tan atroz.

Como los cónsules de las potencias estrangeras, residentes en esta ciudad, recibiesen una comunicacion del general Van-Halen en la cual les
prevenia que avisasen á sus nacionales para que
dentro el preciso y perentorio término de 24 horas pudiesen desocupar la ciudad salvando de este
modo sus intereses y sus vidas, contestaron aquellos en idioma francés á la referida comunicacion
en estos términos ; contestacion que vertida al español dice así :

A S. E. EL CAPITAN GENERAL DE CATALUÑA.

Los abajo firmados cónsules estrangeros, residentes
en Barcelona, habiendo tomado comunicacion de las car-
tas que V. E. les ha hecho el honor de dirigirles, de-
claran, que el término de 24 horas no solo es insuficiente
para poner á cubierto la vida y los intereses de sus nacionales; sino aun para dar aviso á todos.

En su consecuencia los abajo firmados piden en nombre del derecho de gentes y de las garantías estipuladas
espresamente en los tratados, que V. E. señale un término razonable para que los estrangeros cuya proteccion
les está confiada puedan tener tiempo para salir de la
ciudad y salvar sus efectos mas preciosos.

Los abajo firmados están persuadidos de que V. E.
no les negará esta justa demanda, que está conforme con
los usos de todas las naciones civilizadas, y se creen obligados en caso de una negativa que no presumen recibir,
á protestar delante de Dios y de los hombres de todos
los daños que en detrimento de sus nacionales causase
una catástrofe tan espantosa como inaudita.

Los infrascritos ruegan á V. E. que admita la seguridad de su alta consideracion. Barcelona 22 de noviembre de 1842.=El cónsul de Francia, Ferd. Lesseps.= El cónsul de Austria, Gibert.=El cónsul de Cerdeña, encargado del consulado general de Nápoles y del de Luca, Perret.=El cónsul de Bélgica, Carlos Torrens y Miralda.=El cónsul de Toscana, Baccigalupi.=El cónsul de los Estados-Unidos, Anquera.=El encargado del consulado de Roma, Juan Antonio Stagno.=El cónsul general de Portugal, I. G. Ramos Jurante.=El cónsul general de Suecia y Noruega, Guill. G. Westzynthius.=El cónsul de Dinamarca y de Hamburgo, P. Ortembach.=El cónsul de Méjico, S. Blanco.=El cónsul de los Paises-Bajos, F. Ribas.=El cónsul de Lubech, J. de Compte.= El cónsul de Hannover, M. de Compte.=El cónsul general del Brasil, W. Ribecio.=El encargado del consulado de Prusia, Ramon Guix.=El encargado del consulado de Rusia, Agustin Maria Baró.=El cónsul general de Grecia, Pedro Oliva.=El cónsul de Inglaterra, John S. Penlcaze.»

La comunicacion que antecede era leida con suma avidéz en todos los círculos de la ciudad; ya no podia dudarse de las intenciones del general respecto á hostilizar la capital; y lo que vino á confirmarlo mas, fué la disposicion que tomaron en aquel momento los Sres. Cónsules colocando cada uno su respectivo pabellon en los balcones de sus propias moradas, denotando con eso que mientras ondease aquel emblema, podian sus nacionales tranquilizarse; y que no estaba tan cerca-

no el conflicto como se pretendia. La ansiedad,
sin embargo, iba acreciendo terriblemente.

Los caleseros y cuantas personas se ocupan en
Barcelona en transportar gente de un punto al
otro mediante cierta retribucion ó estipendio, manifestaron en estos dias de calamidad y de miseria
estar desposeidos de todo sentimiento de humanidad, teniendo en mas estima y consideracion, el
sórdido interes que no la desgracia que desgarraba
el seno de sus compatriotas. Para transportar una
persona á alguna poblacion la mas inmediata á la
capital, ecsigian con el mayor descaro crecidas
sumas. Bastará un egemplo que podrá servir de
modelo para los demas casos relativo al punto que
nos ocupa. Un jóven, un anciano, una muger, fuese de la condicion que fuese, que queria ir en
carruage á S. Andres, poblacion distante una hora
de la capital, habia de pagar á esos *cacos* cuatro,
cinco, y hasta seis duros; siendo asi que en estado
normal pagará seis cuartos. Habráse visto impu-
dencia mayor !

En todas las calles veianse familias presas de
la mas negra consternacion llevando hatillos de
ropa debajo el brazo sin saber donde dirigir sus
pasos. Las avenidas de las puertas de la ciudad
estaban cuajadas de un numeroso gentío que queria abrirse lugar apesar de las bayonetas que cer-
raban el paso. Allí, en medio de aquel barullo,

de aquel caos espantoso no era posible entenderse. Indignados los centinelas de semejante atropellamiento, y sin hacer caso de la confusa gritería, de las imprecaciones, blasfemias, etc. que vomitaba aquella multitud desenfrenada, cerraron las puertas.

Al llegar á noticia de la Junta tales desórdenes y sin duda con el objeto de calmar tan grande ansiedad y zozobra publicó el siguiente:

BANDO.

La Junta mira con el mayor sentimiento que muchos habitantes de esta heroica ciudad perdiendo por un momento de vista lo sagrado de su causa y la imponente posicion en que ha sabido colocarse, han dado oido á voces tal vez siniestramente esparcidas de que está próximo un conflicto.

No lo hay ciudadanos para un pueblo que ha jurado ser libre, y por otra parte, la Junta se dedica sin descanso á procurar á la poblacion todas las seguridades que sean compatibles con el actual estado de sucesos.

El primer cañonazo que se dispare contra nuestras murallas levantará en masa al Principado contra los opresores, que por lo mismo temerán mas dispararlo, que recibirlo nosotros en defensa de las leyes fundamentales.

La Junta, que desea sobre todo inspirar la debida

confianza al pueblo tiene una satisfaccion en declararle, que las últimas comunicaciones tenidas con el general Van-Halen son, que se abstendrá éste de toda hostilidad, siempre que no se niegue pasaporte á las tropas capituladas, y vosotros sabeis, que así estando estipulado en los artículos de las capitulaciones, la Junta no había de faltar á su religioso cumplimiento.

La importancia de los sucesos, ciudadanos, es tan alta, tan trascendental y de tanto peso dentro y fuera del pais, que su decision no pende ya, ni de las momentáneas providencias de un general de ejército, ni de una Junta de una ciudad particular.

Union, fraternidad y constancia, y corto tiempo nos conducirá al puerto deseado de salvacion.

Lo que se pone en conocimiento de todos para su tranquilidad, y de los señores gefes, oficiales y empleados que se hallen en el caso de hacer uso de su indicado derecho.

Patria y Libertad. Barcelona 23 de noviembre de 1842. =El Presidente, Juan Manuel Carsy.=Fernando Abella. =Ramon Cartró.=Antonio Brunet.=Jaime Vidal y Gual. =Bernardo Xinxola.=Benito Garriga.=Jaime Giralt, secretario.

La Junta aprovechaba todos los momentos, se valia de todos los resortes para hacer renacer la confianza y tranquilidad en los ánimos de los barceloneses; á fin de que llegase á noticia de todos y en corroboracion del antecedente bando, apresuróse hacer pública la comunicacion que á continuacion se espresa.

Ciudadanos.

Gerona, Tortosa, Reus y otros pueblos siguen nuestro noble ejemplo. La causa que hemos abrazado reconcilia á todos los españoles y á todos los intereses. Ella está esplícitamente manifestada en la proclama de esta junta de 19 de este mes que maliciosamente afecta ignorar la autoridad política, que fué de esta provincia, en su alocución mendaz y desfigurada del mismo dia, porque juguete mercenario de la arbitrariedad y del egoismo no conoce las emociones del entusiasmo puro y de la lealtad.

Ha llegado ya el dia, porque así habia de ser, de union y de fraternidad. Así hemos vencido en otras épocas, así venceremos en la presente. Asi la historia ensalzará nuestros hechos gloriosos y hará memorables los dias de noviembre del presente año.

Barcelona, 23 de noviembre de 1842.—El presidente, Juan Manuel Carsy.—Fernando Abella.—Benito Garriga. —Ramon Cartró.—Jaime Vidal y Gual.—Antonio Brunet. — Bernardo Xinxola.—Jaime Giralt, secretario.

La Junta Popular anduvo remisa, cometió un craso error en no manifestar con la mayor detencion á los pueblos el verdadero orígen, la causa del levantamiento. Un conocimiento de esta naturaleza hubiera quizás dispuesto el espíritu popular en otro sentido; pues si los pueblos, particularmente del principado, no se decidieron á secundarlo, quizás no fué por falta de voluntad, ni mucho menos de valor, sino porque con ellos no se habia cometido agresion alguna, y como carecian hasta de perentoria queja, la ignorancia, la oscuridad de los sucesos no les permitia elegir una posicion, ó tomar un franco partido. En Valencia hubo amagos de alterarse el órden, se alteró en efecto, pero como la causa de la revolucion de Barcelona con mayor motivo era allí ignorada, sucedió lo que naturalmente debia suceder, que la tibieza y el temor sofocaron los primeros impulsos. Aragon, se mantuvo al parecer, en prudente espectativa atendidas las causas que se acaban de esponer, y las provincias mas lejanas todavía tenian menos ocasion de informarse ni de proceder. Nadie podrá negar, sin embargo, la ardiente voluntad, la rectitud de los deseos de los individuos de los que componian la Junta directiva; si no supieron, ó no pudieron dominar las circunstancias del momento, fué por no poder atender á los deseos de algunos hombres encanecidos en las revoluciones que la ofrecian sus servicios, efecto de una confusion intestina de que tampoco logró libertarse.

En la mañana del 24 se fijó en los parages acostumbrados de esta ciudad el siguiente manifiesto :

Ciudadanos.

«Desde el primer momento en que quedó instalada esta Junta, el voto inalterable de sus individuos fué sostener á todo trance los principios concebidos en su programa; mantener la tranquilidad interior, inspirar la mas cumplida confianza y vindicar los ultrages y desafueros con que unas autoridades imbéciles y altaneras pensaron arrollar la ley fundamental del estado y nuestros hogares.

La Junta ha cumplido con estos sagrados deberes, y está resuelta á sacrificar su ecsistencia por tan caros objetos apoyada de un pueblo que lleva el entusiasmo al alto grado que han probado nuestros opresores.

Despues de algunos parlamentos enviados por el general que nos bloquea, mas bien como ardides para esparcir rumores de consternacion que en solicitud de ningun objeto importuno, ha ecsigido en el último, que se le entregue la tropa capitulada con su armamento. Solo el general afecta ignorar los artículos de la capitulacion en la que quedó estipulado que debian quedar desarmados.

La Junta mas bien para respetar comedidamente un derecho de guerra, que para entenderse en esplicaciones con el citado general, y no queriendo contestar por sí sola á tan estemporánea pretension, ha reunido á la comision de la Municipalidad, gefes de la M. N., y vecindario, representado por sus alcaldes de barrio, y de comun consentimiento se le ha hecho saber; que la relígiosidad con que hemos cumplido con los artículos de la capitulacion por nuestra parte, la irrogaba igual S. E., y que solo en el caso de que S. E. dé las órdenes oportunas para que nos sea entregada la fortaleza de Monjuí, accederemos nosotros á tan inesperada ecsigencia.

La Junta por otra parte se apresura y se complace en poner en conocimiento de sus conciudadanos que ha recibido noticias, con pormenores de bastante probabilidad, de que en Valencia se ha imitado nuestro glorioso ejemplo, aclamando nuestros sacrificios con las voces de «¡Viva el Pueblo Catalan!»

Ciudadanos: la Junta no tiene necesidad de recordaros vuestros deberes, ni de escitar vuestro entusiasmo por llevar á su último término nuestra decision en sacudir un yugo que era y es insoportable, en cuya empresa la Junta sabrá sacrificar su ecsistencia.

Patria y libertad. Barcelona 24 de noviembre de 1842. El Presidente, Juan Manuel Carsy.—Fernando Abella.— Ramon Cartró.—Antonio Brunet.—Bernardo Xinxola.— Benito Garriga.—Jaime Giralt.—Por disposicion de la Junta, Bernardo Xinxola, secretario.»

Doce dias habia que la capital de Cataluña se encontraba en una posicion estraordinaria, abandonada quedó desde un principio de autoridades superiores y populares, y la Junta directiva ocupada en proporcionarse medios de defensa, no sin mucho trabajo habia podido dedicar algunos fugitivos momentos á la conservacion de las leyes sosiales: sin embargo, ni un leve insulto, ni una riña, ni un síntoma de alarma por temor de ver holladas las leyes civiles pudo aumentar los disgustos del compromiso : un miserable que robó una pieza de tela de ínfimo valor, en la tarde del 19, único robo cometido durante los acontecimientos, pagó con su cabeza á la vindicta pública.

En la tarde del mismo dia 24, la Junta popular directiva concedió la faja de mariscal de campo al brigadier belga D. Miguel Durando, encargándole al mismo tiempo el mando de las armas ; confirió tambien el destino de comisario de guerra á D. Manuel Miguel Mellado que lo era de igual clase. Estas dos disposiciones fuéron leidas á los cuerpos de la Milicia Nacional en el acto de laprimera formacion que fué á la mañana del siguiente dia.

Serian las 7 de la noche cuando se presentó el conductor del correo general á la puerta de S. Antonio, y como la hallase cerrada se dirigió á la del Angel. En el transcurso de una puerta á otra, fué asaltado por cuatro soldados desarmados que le robaron y le diéron una cuchillada en la cadera izquierda ; afortunadamente, la herida no fué de gravedad.

En la noche del 25 la Junta popular se reunió estraordinariamente con algunas comisiones de la Milicia Nacional para deliberar en acto público acerca de una comunicacion del general Van-Halen que acababa de recibir. Este gefe intimaba la

rendicion de la pláza en los términos mas severos;
basta ya de contemplaciones, añadia, si los revoltosos se manifiestan sordos á esta mi última
disposicion, todo ulterior convenio no será ya mas
que una tardía espiacion de su infame temeridad.
Oidos los pareceres de los comisionados y de los
individuos de la Junta, despues de un corto pero
maduro ecsámen cual requeria la gravedad é importancia del negocio que les ocupaba, acordaron
contestar al general que podia empezar á hostilizar la ciudad siempre y cuando fuese de su agrado
y satisfaccion, y que los valientes que empuñaban
las armas no se rendirian con tanta facilidad.

En la mañana del 26 entró un parlamento
que fué portador de una alocucion que el general
Van-Halen dirigia á los barceloneses, dice asi:

Barceloneses.

Las maquinaciones de los enemigos de todos los partidos contrarios al trono de nuestra Reina, la Constitucion del Estado y la Regencia del Caudillo Ilustre á quien
con tanto entusiasmo recibisteis en vuestra ciudad en
julio de 1840, os han sumergido en la amargura; y vuestra ruina hubiera sido cierta si interesado yo como ninguno en la dicha de esa hermosa y rica poblacion, no la
hubiese evitado los males que estaba en mi mano causarla

para confundir en su ruina á los autores del hecho mas bárbaro de ingratitud y ferocidad, gozándose hombres por cuya felicidad el ejército ha derramado tanta sangre, en cuantos medios empleaba para destruirlo. Este miserable partido republicano, fanatizando ó trayendo á sí á hombres enteramente perdidos, ha sido el mas osado en la agresion, y como tal arrastrado tras sí, mas bien por temor que por conviccion, á una multitud de hombres honrados, pero que les temian, mas dando ocasion de venganza tanto á los moderados como á los carlistas; venganza que podian ejercer impunemente tras una azotea, balcon ó ventana, consiguieron aumentar considerablemente el número de los agresores. Pronto se hicieron conocer las principales cabezas de semejante revolucion; ahí los teneis, y no podeis dejar de avergonzaros el haberos dejado arrastrar para servir de ambicion de esos miserables, que nada pueden ser, valer ni representar, fuera de la turba de hombres perdidos con que quieren tiranizar á los demas, y si pronto vosotros mismos no poneis límites á la tiranía de esos malvados, vuestros males serán sin cuento. La nacion entera reprueba cuanto los sediciosos han hecho en Barcelona; cuantas probaturas han hecho los enemigos en el Principado para atraerles á su causa, han sido infructuosas y antes por el contrario han dado ocasion de que todo él dé nuevas pruebas de lealtad, juicio y de amor á la verdadera libertad.

Despues de doce dias de zozobra, errantes por estos campos vuestras madres, hermanas, mugeres é hijas; en que se ha elegido contra todas las leyes una corporacion municipal compuesta casi en su totalidad de la hez del pueblo; queriendo alucinar con la creacion de otra junta consultiva que ningun influjo ejerce en los actos de la que se llama directiva, cuyo supuesto programa no puede ser mas contradictorio : ya es tiempo de que sacudais el yugo de hombres á que nada debe Barcelona , ni la causa constitucional ; uníos pues contra esa turba de malvados, pues solo de este modo evitareis los inmensos males que os amenazan , no siendo de otro modo posible el dañar á ellos , sin causaros pérdidas muy difíciles de reparar.

Mientras he conservado la esperanza de restablecer el órden en esa capital sin causarle mas desastres , á costa de mi propia reputacion como militar, he dejado de hacer uso de los sobrados medios que tengo á mi alcance para reducirla por la fuerza á la obediencia. Constantes han sido las promesas de trabajar por todos los que decian poder hacerlo para restablecer la calma y el órden, pero siempre han probado los hechos la falsedad de ellas.

S. A. el regente del reino está prócsimo á llegar con numerosas fuerzas, y vosotros podreis conseguir la tranquilidad antes de su llegada : despreciad esas infames suposiciones de que las tropas á su entrada en la plaza han de ejercer actos indignos de venganza y pillage : su conducta y disciplina será la misma que habeis visto en tantos años como la ha guarnecido : tan leales como valientes y patriotas, no mancharán jamás su reputacion adquirida en 10 años de glorias y fatigas.

En vuestras manos está vuestra salvacion ; ó sufrir todos los horrores de un sitio en toda regla, y el castigo que por su obstinacion merecerán los rebeldes, ó deshaceros por vosotros mismos de hombres malvados que, sin nada que perder, quieren medrar á costa de vuestra ruina, robando los fondos destinados para proporcionar las obras de utilidad pública de esta Provincia, y otros sagrados objetos ; mientras así no lo hagais, no podeis descansar un momento con sosiego, teniendo cerca de vuestra casa una pillería armada, que se dá el título de republicana, y amenazados constantemente del fuego de mi artillería, que se romperá en cualquier momento en que pierda las esperanzas de someter de otro modo la ciudad á la obediencia, momento que no veo muy distante por la mala fé y falta de cumplimiento de lo que se me ha ofrecido como primera garantía para llegar á conseguir la completa pacificacion y paz duradera de esa ciudad.

Ya veis cuanto os han mentido los periódicos que sostienen la insurreccion, suponiendo en su apoyo todas las provincias y pueblos de Cataluña: es verdad que solo en Vich y Gerona se intentó darles apoyo, pero en estos pueblos y en todos los demás del Principado, tanto la M. N. como todas las autoridades y hombres sensatos han conocido el lazo que se les tendia y que la causa de los sublevados en Barcelona no era la de los catalanes, ni la de la nacion.

Esa miserable Junta solo estiende su mando en un corto radio de la plaza de San Jaime, y por eso allí se fortifica para con aquel apoyo tiranizaros y robaros. Uníos al legítimo gobierno; sed fieles á vuestros juramentos, y unidos á este virtuoso ejército, haremos impotentes á seres sin patria y sin ejercicio, que queriendo vivir en la holganza quieren hacerlo á costa del sacrificio de los hombres honrados; restableciendo solidamente la paz, tranquilidad y dicha de Barcelona.

Cuartel general de Esplugas de Llobregat 26 de noviembre de 1842.—El conde de Peracamps.

Estaba escrito que el carro de la revolucion no debia atascarse en el primer atolladero que encontrára; males de consideracion amenazaban á

Barcelona y sin embargo parecia saborearse con el zumbido de la furiosa y desencadenada tormenta que un poco mas tarde habia de anonadarla. Sin apoyo y sin recursos, hizo cuanto pudo hacer, pero sucumbió al rigor del destino fatal.

A las 11 de la mañana del mismo dia, la Milicia Nacional de todas armas formó en gran parada estendiéndose por todo el paseo de la Rambla desde el fuerte de Atarazanas hasta el cuartel de los Estudios; la fuerza que se reunió no debia bajar de 5000 hombres todos con el mayor aseo y brillantez. La falta de gefes y oficiales era muy notada, pues de 22 comandantes entre primeros y segundos que contaba, solo 6 ocupaban sus puestos. Pasó la parada el General Durando, vestido de paisano, acompañándole el Presidente y tres Vocales de la Junta todos montados á caballo. Al llegar frente el Leon de cada cuerpo, arengaba á sus individuos encareciéndoles que por ningun estilo soltasen las armas hasta haber alcanzado un completo triunfo, que no estaba lejano este dia y que no diesen oido á voces pérfidas y traidoras lanzadas con el único objeto de sembrar el desaliento entre las filas, resorte propio de los cobardes de nuestros tiempos que han tenido que ocultar su derrota é ignominia mas allá de nuestros muros; luego concluia victoreando á la Libertad, á la Independencia Na-

cional y á los valientes Catalanes. Los milicianos
no contestaron con el mayor entusiasmo á esa divisa. A la una y media de la tarde retiráronse los
batallones á sus cuarteles y pocos momentos despues todos los individuos á sus casas.

A las cuatro de la tarde circulaba ya una alocucion de la Junta concebida en estos términos:

Milicianos Nacionales.

El entusiasmo que se ha visto pintado en vuestros
semblantes en la parada de hoy, es la mejor garantía que
podeis dar á vuestros viles detractores. Con que placer
ha visto esta Junta vuestra inimitable decision! El orbe
entero admirará vuestros hechos. Sí, valientes catalanes;
la historia os guarda su mejor página si continuais como
hasta hoy; esta cordura nunca tuvo igual; habeis sido
héroes en el combate, generosos sin par con los vencidos,
ningun hecho reprensible ha ocurrido; reina la union, la
paz doméstica, el órden; pronto veréis lo poco que se ha
gastado y se gasta; porque la Junta ha tenido por base
la economía, son los sudores del pueblo, y la Junta es
enteramente popular.

Solo la Junta tiene que deciros no deis oidos á esos
agentes de todos partidos que valiéndose de vuestras virtudes os alucinarán para desuniros: sea una vuestra en-
seña. Independencia nacional: sois catalanes; sois españoles: seguid pues como hasta aquí: el gobierno se con-

solidará y uniendo vuestros esfuerzos á los de la Junta
que solo quiere el bien general, pronto diremos retirados
al seno de nuestras familias: Viva la libertad: reine la
union. Gocémosla, pues, nos hemos hecho dignos de tan
precioso bien.

Patria, union y libertad. Barcelona 26 de noviembre
de 1842.=El Presidente, Juan Manuel Carsy.=Fernando
Abella.=Antonio Brunet.=Ramon Cartró.=Jaime Vidal
y Gual.=Bernardo Xinxola.=Benito Garriga.=Jaime Giralt, secretario.

En la mañana del 27 se daba por muy válida
la voz de haber entrado ya el Regente del reino
en Zaragoza y que un momento á otro estaria á
la vista de Barcelona acompañado de numerosas
fuerzas y decidido á poner término al conflicto
que aquejaba á dicha última ciudad. Su venida
era interpretada de varios modos; unos creian
que Espartero llevaba miras muy siniestras, que
se presentaria con ánimo hostil; otros, al contrario, estaban persuadidos que vendria como á pa-
cificador, pues así lo habia prometido á los Diputados antes de su salida de la corte. En medio
de tan encontrados pareceres no sabia uno por
cual de ellos optar, porque todos eran factibles,
ninguno dejaba de estar circunscrito en el órden
comun y regular de las cosas; esto no obstante,
la ciudad no presentaba ningun síntoma de alarma.

Las disposiciones de la Junta directiva no encontraban ya las mayores simpatías en los ánimos

de la M. N., el pueblo veia, al parecer, con disgusto que su situacion iba empeorándose por momentos sin que sus mas inmediatas autoridades tomasen aquellas medidas indispensables en casos de tan apremiantes necesidades.

El desaliento hubiera quizás seguido á la ansiedad, á la incertidumbre en que se hallaba la capital, si los batallones de M. N. no hubiesen determinado tomar la iniciativa y sacar del atolladero en que se encontraban atascados sus habitantes.

A las cuatro de la tarde del mismo dia reunióse la M. N. de todas armas en sus cuarteles. Cada compañia nombró tres individuos de su seno, á saber, un oficial, un sargento y un individuo que debian representarla en la reunion general que habia de tener lugar en la misma noche en las Casas Consistoriales con el objeto de deliberar acerca de si era mas útil, mas provechoso que la Junta directiva continuase ejerciendo sus funciones, ó bien, si disolviéndose esta se procediese inmediatamente al llamamiento de la que fué consultiva. Todos los comisionados fueron avisados para reunirse al cuartel del escuadron de la M. N. en cuyo local debian manifestar los sentimientos que estaban poseidos sus representados acerca de este punto y pasar acto contínuo en las Casas Consistoriales. La mayoría de la M. N. estaba por la disolucion

de la Junta directiva; pero una buena parte de
ella y todos los Tiradores de la patria, ó *Patuleas*, para sostenerla á todo trance; con lo que se
temia, y con fundamento, una sesion muy acalo-
rada y borrascosa cuyos resultados nadie podia
preveer. Los nacionales estaban sobre las armas,
los unos en sus cuarteles, y los otros colocados en
distintos puntos de la ciudad para acudir donde
se necesitase. Un sargento 1? y un individuo del
batallon de artillería recorrieron las puertas de la
ciudad dando la consigna á los oficiales de guardia que no permitiesen de ningun modo la entrada
á los *Patuleas* que se aprocsimaban á la capital,
pues interesaba mucho á la causa que se defendia.
Esta precaucion salvó quizás á Barcelona de una
catástrofe.

Abrióse la sesion, la Junta popular ocupaba
la presidencia, la mayor parte de los comisionados
tuvieron que estarse en pié por falta de asientos y
el salon estaba circunvalado de partidarios de la
Junta. Empezó esta con manifestar la situacion de
la capital y enterando á las comisiones de las ecsigencias del general Van-Halen. Algunos comisionados tomaron la palabra haciendo severos cargos á la Junta por la apatía que habia observado,
reconviniéndola por haberse adormecido en el
triunfo y dejado reponer á los vencidos mientras
se gozaba ufana en el placer de la victoria. Un

capitan del segundo batallon, levantándose de su
asiento, con voz fuerte y aterradora dijo: «Señores, no hay remedio de salvarnos si la Junta
directiva continua en el ejercicio de sus funciones;
es preciso hablar claro, muy claro, á la vista del
insondable precipicio en que estamos prócsimos á
hundirnos y en el cual nos hundiremos inevita-
blemente. La Junta popular ha querido por sí
sola dirigir esta revolucion, creyó sin duda in-
necesarios los destellos de radiante luz que la
Junta llamada Consultiva podia suministrarle;
cuando procuró que á los pocos dias de su creacion se disolviese y se marchasen sus individuos.
¿Como se hubiesen ausentado si la Junta directiva hubiera querido evitarlo? ¿No estaba en su
mano este remedio? ¿Porque dejó de hacerlo?
¿Porque les proveyó de pasaportes? Yo no sé
encontrar otra razon, señores, sino porque la
Junta popular creyó no deberse asesorar con nadie. Aun hay mas y que es preciso fijar toda
nuestra atencion; un miembro de la Junta que
preside esta sesion está muy lejos de nuestros muros, es el ciudadano Giralt, ¿donde estamos, señores? ¿Quien nos puede asegurar que la Junta
directiva en cuerpo ó cada vocal de por sí no esté
provisto de un pasaporte para largarse de un momento al otro? Concluiré, diciendo, que si aun
hay tiempo de salvarnos y con nosotros esta her-

mosa capital, aprovechémoslo, esta Junta ha
trabajado ya demasiado, ahora que la reemplace
la llamada Consultiva.» El Presidente de la Junta contestó «La Junta popular directiva rechaza
con toda la indignacion que es capáz los cargos
tan severos como infundados que se la acaban de
dirigir; y ¿por quienes, señores? Cabalmente
por los mismos que pocos dias hace preconizaban
y encomiaban cuantos actos emanaban de la corporacion que tengo el honor de presidir. Con la
mayor sorpresa he oido que la Junta directiva se
ha dormido en los laureles de la victoria, que esperaba un resultado que era de su incumbencia y
de solo su deber, buscar, ecsitar y acrecer; la
Junta en todo el período que lleva de creacion ha
hecho cuanto debia hacer, si no ha sido feliz en
el acierto no es suya la culpa. Cuantos hombres
envejecidos en la esperiencia de la guerra y en los
trastornos políticos han acudido á dar su voto
acerca de las medidas que eran indispensables tomar, se han tomado; y á esto llaman dormirse
en los laureles de la victoria! La Junta Consultiva disolvióse por sí misma porque la mayor
parte de sus miembros eran hombres gastados, sin
espíritu ni valor para hacer frente á las imperiosas circunstancias del momento. Allá en otros
tiempos pudieron prestar grandes servicios á la
causa de la libertad y de la patria, pero en el

dia esos atletas han degenerado, han debido seguir la procelosa marcha de la naturaleza cuyo rastro se ocupa el tiempo en aniquilar y destruir.

La Junta popular no facilita pasaportes á nadie hace ya algunos dias, y sus grandes obligaciones la inhiben acercarse á las puertas de la ciudad para vigilar de cerca la conducta de los centinelas; este cargo corresponde á otras personas interesadas como nosotros en la justa causa que defendemos, y que yo me abstendré de nombrar.

Por lo demás, si el terreno que pisamos fuese mas sólido, si la revolucion hubiese mudado de faz, entonces se nos canonizára, seríamos unos grandes hombres; pero ahora, cabalmente, la Junta popular lo ha echado todo á perder. »

Este discurso hizo una profunda impresion en los ánimos de la multitud que rodeaba aquel recinto; todos los semblantes estaban agitados, ambos partidos se devoraban con sus miradas, iba á consumarse en aquel espacioso lugar, donde albergaba lo mas selecto de la juventud, una horrorosa catástrofe, cuando una compañía de Zapadores invadió el salon, diciendo el que la mandaba, que la Junta popular directiva habia dejado de ecsistir, pues tal era el voto de la M. N. de Barcelona. Esta notable sesion duró 9 horas.

Hé aquí la comunicacion que se pasó al general Van-Halen sobre los sucesos ocurridos en esta borrascosa noche, cuyo documento acompaña en los partes que dirigió al Señor Ministro de la Guerra desde su cuartel general de Esplugas de Llobregat con fecha 28 del mismo mes.

Excmo. Sr.=
Ayer 27 á las cuatro de la tarde se reunieron los batallones nacionales y nombraron dos comisiones cada uno: hecho el nombramiento se presentaron en las Casas Consistoriales intimando á la Junta que cesase; pero esta se resistió amenazando de muerte á las comisiones, apoyada de unos 60 hombres republicanos armados de puñales y pistolas; y en vista de esto se fueron á Capuchinos, principal de la caballería, habiendo en la Rambla una gran parte de la Milicia formada, cuyos comandantes estaban reunidos ya en el propio local con dichas comisiones, y todas las puertas de la ciudad, muralla, ciudadela y atarazanas guarnecidas por la misma Milicia: se envió á llamar á Carsy, quien á presencia de la Milicia formada preguntó ¿que querian? y respondiendo que alli estaban las comisiones para manifestarse, se avistó con ellas, las cuales hicieron presente que la voluntad del pueblo y de la Milicia era de que se retirase la Junta y pasase á nombramiento de otra compuesta de personas de prestigio, para que con la Diputacion provincial, alcaldes de barrio y comandantes de Milicia, resolviesen lo mas conveniente á la ciudad.

Carsy pidió media hora de tiempo para trasladarlo á la Junta; y conociendo que esta tregua podria ser un ardid para burlar el proyecto que se tenia formado y entretanto reunir fuerzas de su partido, se tomaron las avenidas de la plaza de S. Jaime por nacionales; y á fin de no malograr la ocasion penetró en la casa de la Ciudad una compañía de zapadores con las comisiones, y al entrar en el salon de Ciento, en donde se hallaban reunidos los individuos de la Junta, algunos del nuevo ayuntamiento y varios republicanos, fueron acometidos por estos con sables y puñales; mas al ver que dicha compañía de zapadores acometió á la bayoneta, se intimidaron, arrojaron las armas y pretendieron fugarse, verificándolo los de la Junta, á escepcion de parte de ella, que está presa en la actualidad: forman la representacion de la ciudad y milicia las comisiones y alcaldes de barrio, corriendo con armonía con la Diputacion provincial, á fin de arreglar definitivamente el negocio y entrada de las tropas de la manera que ecsigen el buen nombre del pueblo y buen comportamiento de los propietarios que en estos dias han lamentado las desgracias que han ocurrido, temiéndolas mayores si hubiesen permanecido en el poder los sublevados. Todas las torres de las iglesias estan tomadas por personas de confianza para impedir que alguno osado tocára á rebato. La ciudad sigue muy tranquila, y hay fuertes retenes de nacionales con el objeto de evitar todo desórden, esperando por momentos la entrada de las tropas.=Es copia.=Peracamps.

En la madrugada del 28 las comisiones de Milicia Nacional que estaban por la disolucion de la Junta y algunos alcaldes de barrio sin que se hubiesen separado del salon, acordaron con la mayor solemnidad la remocion de los individuos que componian la Junta directiva, escepto su presidente, reemplazándola por una comision interina compuesta de los comandantes accidentales de M. N., un alcalde de barrio por cada uno de los cinco cuarteles en que está dividida Barcelona y un comisionado de cada uno de los tres batallones provisionales creados estos últimos dias. Inmediatamente que pudo reunirse esta, se acordó que los batallones de Milicia Nacional nombrasen respectivamente una comision, y unidas todas con la referida interina dispusiesen lo que debia practicarse para salir cuanto antes de tan duro conflicto.

A las 9 de la mañana del mismo dia se fijó en los parages acostumbrados de esta Ciudad el manifiesto que se espresa:

Ciudadanos.

Acaba de ser disuelta la Junta popular directiva y reemplazada por una comision de la M. N, y alcaldes de barrio interinamente y hasta la reunion de la Junta consultiva que segun la voluntad de la M. N. y alcaldes debe gobernar, ínterin duren estas circunsfancias. Esta comision ha creido de su deber manifestarlo al público para su gobierno y á fin de que cesen algunas voces alarmantes. Ciudadanos; confiad en el patriotismo, honradez y probidad de los que á su cargo tienen tan espinoso cometido.

Barcelona 28 de noviembre de 1842. El Presidente, Juan Manuel Carsy.

Primer batallon, M. Pedro La Rosa, mayor acciden-

tal.=Segundo batallon, mayor accidental, D. José Rovira.
=Tercer batallon, mayor accidental, D. José Vidal.=
Cuarto batallon, mayor accidental, D. Ramon Ortiz.=
Quinto batallon, D. Joaquin Roldós, mayor.=Sexto ba-
tallon, D. Ramon Negrevernis, mayor comandante.=Sép-
timo batallon, D. José Torres y Riera, comandante.=
Octavo batallon, mayor accidental, D. José Serra.=Arti-
llería, mayor accidental, D. Pedro Casamichana,=Zapa-
dores, comandante accidental, D. José Fontseré.=Escua-
dron, mayor accidental, D. Francisco Batlle.=Primer
batallon de tiradores, D. Luis García.=Segundo batallon,
D. Francisco Riera.=Tercer batallon, D. Bernardo Roca.
=Los Alcaldes de barrio. Cuartel primero, D. Juan Vila.
=Cuartel segundo, D. Tomás Borrás y Ricart.=Cuartel
tercero, D. José Aparicio.=Cuartel cuarto, D. José Fabra
y Roca.=Cuartel quinto, D. Francisco Casals.

Acto continuo, la comision interina procedió
al llamamiento de los ciudadanos que constituye-
ron la Junta consultiva avisándoles al mismo
tiempo para que pasasen á la mayor brevedad á
ejercer sus funciones; pero como no pudiesen ser
encontrados los vocales por haberse casi en su
totalidad ausentado de la ciudad, resultó quedar
sin efecto dicha disposicion.

Viendo la comision interina la infructuosidad
del paso que acababa de dar, volvió á reunirse á
la 1 de la tarde del mismo dia, y despues de
varios debates sobre las personas que habian de
formar parte de la Junta que nuevamente iba á

constituirse, resultaron elegidos los sugetos siguientes:

D. Nicolás Tous, fabricante.

D. Salvador Arolas, mercader.

D. Juan Monserdá, idem.

D. Valentin Esparó, fabricante y propietario.

D. José Torres y Riera, comerciante.

D. Juan Manuel Carsy, militar.

D. Cayetano Roviralta, abogado.

D. Manuel Senallosa, propietario.

D. Joaquin Gomez, militar.

D. José Armenter, médico-cirujano.

D. Pedro Martinez de San Martin, obispo.

D. Juan de Zafont, abad de S. Pablo.

D. Sebastian Martí, abogado.

D. Manuel Gibert, abogado y propietario.

D. Pedro Nolasco Vives y Cebriá, id. id.

El baron de Maldá.

D. Agustin Yañez, farmacéutico.

D. Salvador Bonaplata, fabricante.

D. Domingo Serra, id.

D. Bartolomé Comas, comerciante.

D. José Ventosa, abogado.

Tampoco pudo instalarse esta nueva Junta por
no encontrarse sus individuos en sus domicilios;
nadie sabia que hacer ni que pensar. Barcelona
presentaba á la verdad un cuadro muy triste y
espantoso porque se veia en medio de su soledad

9

y de su abandono sin que nadie se curase de su situacion. Los alcaldes de barrio eran las únicas autoridades que quedaron mandando, y aun estos en corto número por haberse ausentado su mayor parte. La comision interina como casi toda estaba compuesta de ciudadanos que pertenecian á la M. N. y que á la sazon se encontraban al frente de ella, no podia por si sola dar grandes disposiciones, ni ocuparse siquiera en lo engorroso de su tarea ; preciso era buscar otros medios. Cuales debian ser estos, se ignoraba.

Esto no obstante, los cuarteles se gobernaban por si mismos, poniéndose de acuerdo los vecinos con el alcalde, y prometiéndose proteccion mútua en caso de robo ó cualquier otro atentado contra persona ó habitacion de la vecindad. No deja verdaderamente de admirar una cordura semejante despues de un combate espantoso, que parece debia escitar y encender las pasiones de los partidos, y los deseos de los réprobos que no faltan nunca en una poblacion tan populosa. Escenas han pasado que están fuera del alcance de la pluma para pintarlas con sus propios colores.

Hé aquí la manifestacion que dirigió á los habitantes de esta ciudad con motivo de su despedida el ex-presidente de la Junta popular directiva :

[134]

.* Compañeros de armas, catalanes todos; el giro que han tomado los acontecimientos de esta capital, me ponen en la dura precision de presentar mi renuncia del cargo de vocal de la Junta de Gobierno últimamente creada, porque nunca he faltado á mis juramentos y se trata de transigir, cuando pocos dias de constancia asegurarian la victoria.

Los que nos pusimos á vuestro frente, podemos levantar con orgullo la cabeza porque ni el mas leve lunar, ni una sola mancha empaña nuestra frente. Tal vez hayamos sido ineptos pero no traidores; tal vez nuestra demasiada buena fé y puras intenciones nos hayan perjudicado; nuestros actos justifican nuestro buen comportamiento y honradez. La conviccion de que estais poseidos de ella, es el único consuelo que me resta.

Patria y Libertad.—Barcelona 30 de noviembre de 1842. —Vuestro compañero de armas,

JUAN MANUEL CARSY.

Así terminó este jóven su carrera en una revolucion cuyo papel principal desempeñó por espacio de 14 dias durante los cuales no pudo desnudarse ni una noche tan solo para meterse en la cama. Las continuas vigilias, el improbo trabajo y mas que todo la irregularidad y premura en las horas de tomar alimento, debilitaban estraordinariamente un cuerpo cuyo organismo no es por cierto construido para chocar con semejantes elementos. Su memoria sin embargo, no es muy grata para aquellos que un dia fueron sus subordinados, pues á ser cierto cuanto de él se propala y esto por personas que han poseido su mayor confianza, el mas feo borron ha de empañar el lustre y esplendor de todo cuanto haya podido alcanzar y conseguir. Dícese que la codicia, que el sórdido interés ha sido el móvil de Carsy en todos los actos que han emanado de su voluntad; que en Francia se ha coaligado con el mayor descaro con los moderados y absolutistas por un puñado de oro! Esos rumores van acreciendo de dia en dia sin que por nadie hasta ahora hayan sido desmentidos; veremos si el tiempo vendrá á justificarlos.

Durante este dia salieron tres comisionados para el cuartel general con el objeto de avistarse con el gefe del ejército bloqueador entrando en esplicaciones sobre el modo y forma con que habian de ser introducidas las tropas en Barcelona. El plan era el siguiente; al anochecer del mismo dia 28, debia ponerse en marcha un regimiento tomando la direccion de la Bordeta y bajando, á proporcion que iba adelantándose la noche, hácia las huertas de S. Bertrán, colocándose á 200 pasos de la puerta de Sta. Madrona. Como la guardia de este punto era cómplice en la conspiracion, al momento de dar las doce el reloj de la Catedral, abriria dicha puerta cediendo de este modo el paso al referido regimiento que estaria aguardando con el mayor silencio la señal. Todas las

medidas estaban tomadas para que ningun acci-
dente imprevisto pudiese estorbar el plan que con
tanto trabajo habia pódido fraguarse; asi era que
la tropa penetraria en el fuerte de Atarazanas con
el mayor desembarazo por cuanto casi toda su
guarnicion estaba tambien en el secreto. Es preciso advertir que las garantías que se pidieron por
parte de los comisionados fueron, que el general
Van-Halen echaria un velo sobre todo cuanto
habia ocurrido durante estos dias en Barcelona, y
que solamente serian castigados los principales
motores de la revolucion. El general habiendo
convenido con los principios que se le sentaron
por ser los mas conformes y adecuados para restablecer la tranquilidad que por tantos dias se
veia privada Barcelona, ordenó al regimiento de
Zamora que se proveyese de víveres por seis dias
para lo que pudiese ocurrir y que se dispusiese
para marchar. Enterado el coronel de las órdenes
que le habian comunicado, situó su fuerza en el
punto convenido esperando por momentos la señal. La campana de la catedral dá las doce, el
regimiento estaba formado ya, y el puente leva-
dizo no hace movimiento alguno, todo está en la
mayor obscuridad y silencio. Vá á amanecer y el
regimiento se halla firme en su primera posicion,
hasta que desconfiando el coronel del buen écsito
y en la posibilidad de ser descubierto por los cen-

tinelas colocados en las murallas de la ciudad, dá
la órden para retirarse. A lo que parece, los nacionales que cubrian el punto de Sta. Madrona no
pudieron determinarse á consumar un hecho en
el cual tanta connivencia y complicidad tenian.

En la tarde del 29 despues de puesto el sol,
el castillo de Monjuí disparó algunos cañonazos:
decian unos que era con objeto de impedir la entrada del puerto á un buque mercante, otros ase-
guraban haber sido salva por la llegada de Espartero; esta última opinion fué la que prevale-
ció por cuanto entraron al anochecer varios sujetos que dijeron haber presenciado la llegada del
Duque de la victoria al cuartel general de Esplugas de Llobregat á las cuatro de la tarde de este dia.

Al anochecer grupos considerables de muchachos iban recoriendo las calles con grande alga-
zara cantando los siguientes estribillos:

Si Mariquita, si.
No Mariquita, no
Ja podan tirar bombas
      Monona mia
Que nons fan pó.

———

Digalí que vinguin.
Qu'aqui als esperem,
Y si 'n tiran qu'an tirin,
      Monona mia
Que nous fau pó.

A las nueve de la noche volvió á reunirse la comision interina para tratar resolutivamente acerca del nombramiento de una Junta de Gobierno procurando que la eleccion recayese en personas que por su posicion social y demas buenas cualidades pudiesen inspirar una confianza general, y además que no se dudase estar presentes en esta ciudad para hacerles de este modo admitir sus cargos. La apuradísima situacion en la cual se encontraba, no daba lugar á la escogitacion de otros medios. Pasóse, pues, al nombramiento de los sujetos que debian constituir dicha Junta resultando elegidos los siguientes:

El Baron de Maldá.

D. Salvador Arolas.

D. José Puig.

D. Juan de Zafont.

D. José Soler y Matas.

D. Antonio Giberga.

D. Laureano Figuerola.

D. José Torres y Riera.

D. José Armenter.

D. José Llacayo.

Estos ciudadanos que tenian el corazon lacerado de dolor á la vista de los cruentos males que estaban afligiendo la capital, corrieron á prestarla sus servicios, últimos por cierto que puede un ciudadano ofrecer en las aras de su patria.

A las diez de la mañana del siguiente dia estaba ya fijada en los parages públicos la alocucion que á continuacion se espresa :

Barceloneses,

La Junta de Gobierno nombrada en la noche de ayer por las comisiones de la Milicia Nacional y Alcaldes de barrio, con motivo de no haber podido seguir la que fué elegida en la del 27 por falta de individuos, se ha instalado ya y se está ocupando afanosa y solícita de los medios de poner un pronto y satisfactorio término á la situacion actual de esta ciudad. Cuenta para tan importante objeto con la eficaz cooperacion de la benemérita Milicia ciudadana y de todos los hombres honrados que abriga esta populosa poblacion. Barceloneses, confianza en los esfuerzos de la Junta, y la paz y la felicidad renacerán dentro de pocos instantes en nuestro contristado suelo.

Barcelona 30 de noviembre de 1842.—El presidente, El Baron de Maldá.—Salvador Arolas.—Juan de Zafont. --José Soler y Matas.—José Puig.—José Armenter.—José Torres y Riera.—José Llacayo.—Antonio Giberga.—Laureano Figuerola, vocal secretario.

Los esfuerzos de esta Junta para sacar partido de las circunstancias fueron en vano. Tres de sus vocales fueron de mensage en la misma mañana al cuartel general para tratar definitivamente de una composicion amistosa. Recibióles Van-Halen, y les manifestó que no podia dar oidos á sus pretensiones hasta que estuviese desarmada toda la fuerza de nueva creacion, y que en este caso solamente, no podia en la actualidad hacer otra cosa sino negociar una transaccion honrosa. Despidiéronse los comisionados al saber las intenciones del general, dirigiéndose á Sarriá pequeña poblacion distante una hora de Barcelona, donde estaba el cuartel del Regente, con el objeto de avistarse con S. A.; pero como se les hubiese negado la audiencia, tuvieron que regresar á la capital con el corazon oprimido de dolor.

La Junta teniendo en consideracion lo que acaban de manifestar sus tres vocales, determinó arrostrar el compromiso de tan espuesta providencia, fiada sin duda en la cordura y sensatéz de la milicia ciudadana, publicando el siguiente:

BANDO.

Constituida la Junta de gobierno de esta ciudad, debe ante todo adoptar medidas que aseguren la tranquilidad interior de Barcelona y den á todos sus habitantes las garantías de que puedan permanecer tranquilos en el hogar doméstico. Por tanto viene en decretar:

Artículo 1º. Todas las personas que desde el dia 14 del corriente en adelante hayan tomado las armas, las entregarán inmediatamente en el cuartel de Atarazanas á la persona designada por la Junta. El que deje de cumplir esta disposicion será castigado con todo el rigor de la ley.

Art. 2º. Se esceptuan únicamente de la disposicion anterior las personas que hayan merecido la confianza de los señores alcaldes de barrio.

Art. 3º. El término para entregar las armas queda fijado desde las tres hasta las cinco horas de esta tarde.

Art. 4º. Será tambien severamente castigada toda persona que bajo cualquier pretesto trate de perturbar el órden.

Barcelona 50 de noviembre de 1842. El presidente, Baron de Maldá.＝Salvador Arolas.＝José Soler y Matas. ＝José Puig.＝José Armenter. ＝ Juan de Zafont.＝José Torres y Riera.＝José Llacayo.＝Antonio Giberga.＝Laureano Figuerola, vocal secretario.

En consecuencia de la publicacion de este bando, dispuso la Junta, que la M. N. de todas armas se reuniese en sus cuarteles para estar pronta en el caso necesario y acudir donde conviniese, pues se temia una obstinada resistencia por parte de los que habian de deponer las armas, y tanto mas de creer era esa resistencia en cuanto el bando en cuestion abrazaba á mas de 300 soldados que habian desertado de sus banderas para afiliarse en las del pueblo, ávidos de defender la causa que el pueblo defendia. El batallon de artillería fué á colocarse frente los Estudios en cuyo espacioso local se reunian los Tiradores de la Patria desde el dia de su creacion. Los artilleros estaban á las órdenes de la Junta y asi inoficioso seria ocuparse del objeto que les conducia á tan arriesgada empresa. Los Tiradores por su parte estaban ya formados en batalla de espaldas á su cuartel, dando el frente al batallon que tenian á 20 pasos de distancia. Ambas fuerzas estaban contemplándose con la mas grande serenidad, en medio de un sepulcral silencio observado por los unos, y blasfemias é imprecaciones por los otros; el cuadro que se ofrecia al espectador era terrible, horroroso.

El plazo señalado por la Junta de gobierno para deponer las armas iba á cumplirse y sin embargo *los patuleas* continuaban firmes en sus puestos y en ademán de rebelarse. Felizmente no llegó este caso; la voz de las autoridades pudo al último ser oida por aquella multitud ecsasperada cuya mayor parte conociendo todo el peso de la enormidad de su delito preveia el fin desastroso que la aguardaba. Mucho se tuvo que trabajar para convencerlos; dióseles dinero, se les facilitaron buques para transportarles en territorio estrangero, todos los medios se emplearon para que en Barcelona no pudiese imprimirse el lúgubre sello de una catástrofe; y sin embargo conseguido el objeto que se propusiera á costa de mil afanes y sinsabores , todo fué en vano ; á los ojos del gobierno esta reaccion no fué mas que una tardía espiacion del crímen que sus habitantes habian perpetrado.

. En la mañana de este dia 30, la Junta mandó fijar en los parages públicos y acostumbrados de esta ciudad el aviso que á continuacion se espresa:

JUNTA DE GOBIERNO DE BARCELONA.

Desde el dia de mañana queda permitido el libre tránsito por las puertas de esta ciudad á toda clase de personas, escepto la tropa y gente armada, y se permite igualmente la conduccion de víveres y equipages.

Barcelona 30 de noviembre de 1842.—El vocal secretario, José Armenter.

Al llegar esta disposicion de la Junta á noticia de las familias que tantos dias habia divagaban por los campos y caseríos inmediatos á la capital, y no ignorando que las órdenes del general se habian cumplido ya en cuanto el desarme de los Tiradores de la Patria y demás personas contenidas en el bando , una crecida porcion apresuróse á regresar á sus hogares, creida con la mayor fé del mundo que la tranquilidad habia renacido ya en la ciudad desventurada. Otras personas por el

contrario, aprovecharon la ocasion y se marcha-
ron, no sin otro objeto que el de rehacer el cuerpo de tanta fatiga y penalidad como se estaba sufriendo en los dias que se contaba de revolucion.

Cumplida la ecsigencia de Van-Halen, volvió
la Junta de gobierno á enviar sus comisionados al
cuartel general; este mensage lo presidia el Ilmo.
Señor Obispo. El general se manifestó sumamente complacido, é hizo entender á los comisionados que estabá satisfecho de la cordura y sensatéz del pueblo, y remitió las bases de la transaccion, que estribaban principalmente en un completo olvido de lo pasado, al cuartel del Regente. Los comisionados dirigiéronse en este punto
con la mayor satisfaccion, pero fueron tambien
despedidos como el dia anterior, diciéndoles el
ministro de la guerra, que el gobierno ecsigia que
inmediatamente fuesen depuestas en el fuerte de
Atarazanas cuantas armas y demas efectos de guerra habian sido estraidas desde octubre de 1840 y
entregadas á la M. N.; que los promovedores y
directores principales de la insurreccion serian
castigados con arreglo á las leyes; que los Barceloneses sometiéndose al legítimo gobierno solo en
este caso podrian contar con su clemencia; y por
fin que las tropas no solamente respetarian la propiedad de todos los habitantes, si que tambien la
defenderian como la han defendido en todas oca-

siones. El ministro concluyó su ultimatum con estas notables palabras: No se admitirá mas contestacion que la pronta y rápida ejecucion de cuanto acabo de manifestar, ó la negativa en el preciso é improrrogable término de 24 horas.

La fatalidad parecia presidir en el destino de Barcelona como si llevase impresa en su mórbida frente el sello de la reprobacion. Los acontecimientos que iban á tener lugar al aspecto de tan tremendo apuro con facilidad podian preveerse atendido el espíritu de la poblacion. Fiel la Junta de Gobierno en su propósito de dar una entera publicacion de sus actos, manifestó con la mayor franqueza toda la verdad del grande apuro en que se encontraba envuelta la ciudad en estos términos:

Barceloneses.

La Junta que vosotros elegisteis os debe una manifestacion franca y sincera de todos sus actos, dirigidos únicamente á terminar la situacion crítica en que la ciudad se encuentra. Apenas instalada en el dia de ayer procuró ponerse en comunicacion con el Excmo. Sr. Capitan General D. Antonio Van-Halen y proponerle las bases de un arreglo, bases que aunque solamente presentadas de palabra, se reducian á poner un velo sobre los hechos que han pasado, que la Milicia Nacional continuara tal como estaba el dia 14 de noviembre, y que se tuviera toda la consideracion posible con los oficiales y soldados del ejército que hubiesen contribuido á aquellos hechos.

Viendo que no podian ser admitidas, formalizó la comisión enviada al cuartel general otras mas sencillas y que reasumieran los principales puntos en que creia deber insistir, tales son : primera. Que la ciudad de Barcelona y su vecindario no sufriria castigo alguno por los hechos que han pasado, promovidos por los enemigos de su prosperidad. Segunda. Que los milicianos nacionales que tenian las armas antes del 14 de noviembre último las conservarian, mientras que la Exma. Diputacion provincial y Ayuntamiento organizaban la fuerza ciudadana conforme á reglamento. S. E. consultó estas bases con el gobierno de S. M. ; manifestó que por las instrucciones que acababa de recibir no podia tampoco admitirlas y nos comunicó el siguiente escrito :

«Que únicamente como medio que garantice el deseo de someterse á la ley, debe llevarse inmediatamente á efecto en el depósito de Atarazanas todas las armas sacadas de aquel parque, tomadas de los cuerpos y que han sido entregadas á la milicia nacional desde octubre de 1840 hasta el dia, permitiendo la ocupacion de dicho punto de Atarazanas para hacerse cargo del armamento y demas efectos de guerra tomados de los almacenes y de las tropas que capitularon : que los promovedores y directores principales de la insurreccion serán castigados con arreglo á las leyes : que los habitantes de Barcelona sometiéndose al gobierno podrán contar con su clemencia, no debiendo dudar de la disciplina de las tropas, que no solo respetarán la propiedad de todos los habitantes, sino que la defenderán igualmente que las personas segun lo han hecho siempre.»

Que no se admitirá mas contestacion que la ejecucion en todas sus partes de cuanto vá espuesto, ó la negativa en el término de veinte y cuatro horas.

Como la Junta nada podia resolver por sí, llamó á su seno á los señores comandantes de batallon y alcaldes de barrio para enterarles del resultado de sus operaciones y esplorar la voluntad general á fin de saber si se adherian ó no á las condiciones del citado escrito. Discutida detenidamente la cuestion presentándola con toda verdad y sin hacerse ilusion alguna, se resolvió en sesion de esta mañana, que otra vez se presentára al cuartel general la misma comision de la Junta, acompañada de S. E. el Sr. Obispo, á quien se suplicó dar este paso en bien de una ciudad tan importante. La comision si bien con desconfianza, no ha vacilado en ver por segunda vez no solo al señor conde de Peracamps, sino que tambien dirigirse al presidente de consejo de ministros. El resultado ha sido insistir en las mismas proposiciones que habia manifestado anteriormente.

Sabida esta resolucion, el único deber de la Junta es comunicarla al pueblo de Barcelona para que la milicia ciudadana, representada por sus comandantes, y el vecindario entero por los señores alcaldes de barrio, manifiesten á la Junta si se someten á las órdenes del gobierno de S. M., para que pueda asi comunicársele.

En el caso contrario la Junta cesa de hecho, porque no ha podido realizar su cometido, y debe manifestar que el gobierno ha indicado que desde luego vá á empezar las hostilidades contra la ciudad.

La Junta se abstiene de todo comentario: Barcelona entera está interesada y ella debe decidir de su suerte.

Barcelona 1º de diciembre de 1842.—Juan de Zafont.=Antonio Giberga.=Jose Soler y Matas.=José Puig.=

José Armenter.—Salvador Arolas.—Laureano Figuerola, vocal secretario.

Este manifiesto fue leido á todos los cuerpos de Milicia Nacional en el acto de formacion que tuvo lugar á las cuatro de la tarde del mismo dia, y la rabia é indignacion que se apoderó de los ánimos de aquella multitud al oir tan tremenda ecsigencia, no puede imaginarse ni mucho menos describirse. Los unos al verse abandonados por sus gefes en la palestra y en la imposibilidad de salir triunfantes, estaban prontos á someterse á lo mandado, pero mucho mayor número estaba bien lejos de pensar así. Estremecíase el corazon al aspecto de aquellas lívidas y amoratadas faces, de aquellos adustos semblantes convulsos de rabia y furor. Algunos oficiales que querian hacer oir su acento eran interrumpidos á cada paso en medio de los mas estrepitosos alaridos y siniestras risotadas; *antes morir*, vociferaban, *que entregarnos á nuestros tiranos; compañeros, si nos rendimos, estamos perdidos; no habrá remedio para nosotros; mirad que la palabra clemencia es tan solo un pretesto provocado para proceder despues al cruento sacrificio!!!! ¿y seremos nosotros mismos los que pondremos el cuello á la coyunda? ¿A tal ridículo estremo habremos degenerado...?* Estas y otras semejantes palabras, como salidas del

10

báratro profundo, dejábanse apercibir en aquellos espaciosos recintos, en donde pocos dias antes en cualquier parte que la vista se fijára no se ofrecian mas que modelos de subordinacion y disciplina. Fuerza era ceder al destino!

Nombráronse algunas comisiones para que pasasen á las Casas Consistoriales donde estaba permamente la Junta de gobierno aguardando con la mayor ansiedad la resolucion de la Milicia Nacional. No se hicieron esperar por mucho tiempo, pues á la mañana siguiente en virtud de lo que habian unanimamente manifestado, la Junta conciliadora estaba disuelta ya.

Barcelona estaba entregada en la mas completa anarquía, la fatal campana con su plañidero sonido completaba el desórden, los ingratos chillidos de las mugeres que intentaban salir de la ciudad daban la última pincelada á tan horrendo cuadro; que mas faltaba para ennegrecerlo!

En confirmacion de esta verdad, léase el último parte que dió la Junta de gobierno, en el momento de haber cesado ya de funcionar, á S. E. el capitan general, dice asi:

Excmo. Sr.: Por el parlamento que V. E. ha enviado, habrá recibido los impresos que se han publicado esta mañana.

A esta hora de las dos de la tarde debíamos saber la contestacion definitiva de los comandantes de milicia y alcaldes de barrio. La fatal campana de somaten ha alarmado la ciudad, y ha impedido la reunion huyendo la mayoría de los comandantes y alcaldes, y ni menos ha sido dable leer el oficio de V. E. Cuatro vocales, tres alcaldes y un comandante han sido los únicos que se han reunido anticipádamente. La Junta ha cesado ya, y Barcelona está en la anarquía. Los que firman no saben si su vida durará dos minutos.

A las dos y cuarto de la tarde del 2 de diciembre de 1842.=Juan de Zafont.=Antonio Giberga.=Laureano Figuerola. Excmo. Sr. Capitan General de este ejército y Principado.

En la mañana de este dia se pasó al nombramiento de una Junta para que cortase toda comunicacion con el gobierno y dirigiese los medios de defensa que se habian de emplear. Esta Junta en su totalidad se componia de hombres del pueblo y de baja estraccion, pero de proverbial osadía y de un valor jamás desmentido. Preciso era que fuesen de ese temple para admitir tales compromisos en estos acerbos momentos.

Por su mandado fijóse en los parages públicos el siguiente manifiesto :

Ciudadanos.

Habiéndose reunido en estas Casas Consistoriales las comisiones nombradas de la Milicia Nacional para consultar con la Junta de Gobierno si querian someterse á las bárbaras ecsigencias del capitan general, ó resistirse para que el honor catalan quede con aquel brillo que nuestros antiguos nos delegaron, han resuelto por unanimidad que prefieren la muerte antes que sucumbir bajo el yugo de un tirano, y que al honor de patria y libertad prestarán sus pechos á cuantos ataques intente hacernos el enemigo. A esta contestacion tan heroica, la Junta que solo se habia constituido como medianera, se ha retirado; y como esta benemérita ciudad quedaba sin gobierno, han determinado las comisiones nombrar provisionalmente una junta compuesta de un individuo de cada comision, hasta tanto que los batallones y barrios nombren sugetos de probidad, valor y amor patrio que formen una junta de salvacion pública que sean capaces de conducirnos á la gloria.

Los ciudadanos que han quedado nombrados se han constituido en sesion permanente, y su primera determinacion ha sido mandar tocar general y órden general, para que reunidos los batallones en sus cuarteles acudan sus ayudantes á recibir órdenes de esta Junta provisional para tomar todas aquellas medidas necesarias para contrarrestar al enemigo en caso de un ataque imprevisto, que no realizarán, porque saben que su muerte seria segura.

Catalanes todos, valor y triunfaremos; honor catalan, patria y libertad.

Barcelona 2 de diciembre de 1842.=El presidente, Crispin Gaviria.=Francisco Altés.=Pablo Borrás.=Pedro Martir Sardá.=Jaime Sadó.=Sebastian Bilella.=José Bujó. Juan Font.=El vocal secretario, Segismundo Fargas.

A las tres de la tarde leíase al lado de este manifiesto el siguiente:

BANDO.

LA JUNTA PROVISIONAL DE GOBIERNO ORDENA Y MANDA:

Artículo 1º En todas las calles de esta ciudad, y en los dos estremos de ellas se formarán inmediatamente por los habitantes zanjas y barricadas, dejando paso franco en uno de los lados (suficiente para que pueda pasar un caballo en las calles principales) y conservando prevenidos los efectos para cerrarlo cuando fuese necesario.

Art. 2º Todos los vecinos sin distincion de clases, edad ni sexo se constituirán desde luego en estado de defensa para el caso de penetrar el enemigo dentro las murallas y la llevarán hasta el último estremo bajo la mas estrecha responsabilidad de las cabezas de familia.

Art. 3º Todos los hombres de edad de 16 á 50 años inclusive quedan obligados desde este momento á empuñar las armas para la defensa comun, bajo pena de la vida. La Junta los llamará luego que lo juzgue conveniente y anunciará el modo y forma de la entrega de los fusiles y organizacion de esta nueva forma.

Art. 4º Para alivio de la clase menesterosa, la Junta providenciará para que cuanto antes se distribuya una sopa en cada uno de los barrios en el modo y forma que igualmente se anunciará. Patria y libertad.

Barcelona 2 de diciembre de 1842.=El presidente, Crispin Gaviria.=Francisco Altés.=Pablo Borrás.=Pedro Martir Sardá.=Jaime Sadó.=Sebastian Bilella.=José Bujó.=Juan Font.=El vocal secretario, Segismundo Fargas,

En la tarde de este dia todos los batallones de Milicia Nacional dejaron de ecsistir; sus individuos formaban cuando querian y en el punto que mas les acomodaba. Ya no estaba en el poder del hombre poner una valla al desquiciamiento que se habia apoderado de cuanto habia podido resistir despues de tan desechas tormentas. Muchos Milicianos evacuaron la ciudad en grave riesgo de sus vidas; unos se deslizaron por las murallas sin detenerse en medir su grande elevacion, no pudiendo salir por las puertas de la ciudad, porque los puentes estaban levantados; otros abrumados por el peso de su cólera y frenesí echáronse á nado sin saber donde dirigir su rumbo. Algunos puntos avanzados que ocupaba la fuerza ciudadana fueron tambien abandonados.

Los partes que los gobernadores de los fuertes de la Ciudadela y Atarazanas dirigieron á la Junta de gobierno con fecha de este dia, 2 de diciembre, son como siguen:

Gobierno de la Ciudadela.=Excmo. Sr. En las críticas y apuradas circustancias en que me encuentro; pues mucha parte de la fuerza de los batallones que cubren esta fortaleza se me ha desertado, sin que todos los demás gefes que me acompañan en esta dolorosa posicion basten a contenerlos, no puedo menos de manifestar á V. E. con toda la franqueza que me es propia y que el caso requiere, que la fuerza moral de todos los gefes se halla enteramente perdida, y que no puedo absolutamente contar con ningun elemento para guardar el punto que me está confiado : por tanto resignado como resigno desde este momento el mando de esta fortaleza en V. E., pongo en su conocimiento que me hallo determinado á retirarme al seno doméstico, y espero de V. E. que mandará un miembro de esa corporacion ó persona de su confianza que se encargue de esta ciudadela.

Dios guarde á V. E. muchos años. Ciudadela 2 de diciembre de 1842.==El gobernador interino, C. Ortiz y Esteller.==Excma. Junta de gobierno de Barcelona.

Gobierno de Atarazanas.==Excmo. Sr.==Sobrecargados ya anteriormente en el servicio los individuos que componen este batallon, pasaron gustosos á guarnecer este fuerte con la esperanza de que á los cuatro dias serian relevados ; pero vá á trascurrir siete dias que sufren el activo servicio de esta guarnicion sin que se haya pensado tan solo en su relevo, y los esponentes, en comision de las compañías, no pueden menos de acudir á V. E. á fin de que cuanto antes en este dia se procure el relevo de este batallon, porque preveen que los ánimos se hallan dispuestos al total abandono de este fuerte.

Fuerte de Atarazanas 2 de diciembre de 1842.==Granaderos, Juan Sibilla.==Sargento, Pablo Torres.==Cabo, Agustin Elerrés.==Nacional, primera compañia, sargento, José Batllori.==Cabo, Miguel Munné.==Rafael Rey.==Segunda compañia, sargento, José Isern.==Miguel Pujol.==Cabo, José Pejols.==Nacional, tercera compañia, por Martin Dulell y Jaime Bosch, que no saben escribir, el cabo de la misma compañia, José Gardá.==Cuarta compañia, sargento segundo, Jorge Corberó.==José Amat.==Juan Fontellas.==Quinta compañia, sargento segundo, Antonio Serra.==Juan Folch.==Isidro Odena.==Sexta compañia, sar-

gento, Ventura Puerri.==Juan Bismets.==Cabo, Nicolas Ribas.==Cazadores, Juan Baqué.==José Font.==Manuel Sep.
==José Font.==Excma. Junta de gobierno de Barcelona.

La Junta dió las disposiciones necesarias al
efecto de que los tres batallones de *Patuleas* di-
sueltos por su antecesora, fuesen repuestos al mismo ser y estado que se encontraban antes de proceder á su desarme; algunos individuos se habian
embarcado ya esperando el momento de alejarse
de su madre patria, pero los grandes sucesos que
estaban pasando en Barcelona y mas que todo el
clamor general de sus habitantes que los llamaba
á su socorro, pudo contribuir que por segunda
vez prestasen sus brazos al sosten de una causa
que con tanta ingratitud, segun decian, les habia
pagado. La mayor parte de esa fuerza fué destinada en la guarnicion de las fortalezas.

Por órden de la Junta se construyeron cuatro
baterías en distintos puntos de las murallas para
incomodar con sus fuegos al enemigo en el caso
de decidirse á romper las hostilidades. En Atarazanas habia una que estaba frente de la que tenia
el ejército en las inmediaciones de la *Font troba-
da*; otra sobre la puerta de S. Antonio; otra en
el rebellin de S. Pedro y habíase construido la
última en el muelle, en el punto de la linterna
vieja. Tan improbo trabajo fué llevado á cabo con

la mayor celeridad y arreglado todo con bastante maestría y capacidad por parte del que lo dirigia.

A la caida de la tarde publicáronse los bandos que á continuacion se espresan ;

LA JUNTA PROVISIONAL DE GOBIERNO ORDENA Y MANDA;

Artículo 1º Toda persona que empuñe las armas y no comparezca al punto de reunion respectivo al toque de generala, sufrirá irremisiblemente la pena de ser pasado por las armas.

Art. 2º Igual pena sufrirán los que desertaren ó abandonaren la fuerza ó peloton á que respectivamente correspondan ó punto á que sean destinados.

Art. 3º Igual pena sufrirán los gefes que toleren ó no procuren impedir con toda su autoridad el abandono de que trata el artículo anterior.

Patria y libertad. Barcelona 2 de diciembre de 1842. ═El presidente, Crispin Gaviria.═Francisco Altés.═Pablo Borrás.═Pedro Martir Sardá.═Jaime Sadó.═Sebastian Bilella.═José Bujó.═Juan Font.═El vocal secretario, Segismundo Fargas.

Otro.

LA JUNTA PROVISIONAL DE GOBIERNO DE ESTA CIUDAD

ORDENA Y MANDA :

Artículo 1º Todas las cabezas de familia sin distincion y los hombres de edad y aptitud para empuñar las armas que se hubieren ausentado desde el dia 15 del mes prócsimo pasado, regresarán á Barcelona dentro el término preciso de veinte y cuatro horas, presentándose á los alcaldes de barrio respectivos á dar sus nombres.

Art. 2º. Los bienes, así muebles como inmuebles, de los que dejen de cumplir con lo dispuesto en el artículo precedente serán ocupados para sufragar los gastos que se originen para el sosten de la causa pública.

Patria y libertad. Barcelona 2 de diciembre de 1842. —El presidente, Crispin Gaviria.—Francisco Altés.—Pablo Borras.—Pedro Martir Sardá.—Jaime Sadó.—Sebastian Bilella.—José Bujó.—Juan Font.=El vocal secretario, Segismundo Fargas.

Los bandos que se acaba de hacer mencion fueron publicados con cierto y ridículo aparato, que á no ser por la azorosa situacion en la cual uno se encontraba, hubiera ecsitado la risa aun al mas grave y taciturno espectador que se encontrase á su paso. Precedia á la columna un peloton de caballería cuyos ginetes unos iban con morrion de gala, otros llevaban una gorra encarnada, otros un pañuelo que les ceñia la cabeza lo mismo que los gitanos. En cuanto á los trages era una verdadera parodia de lo que estaba ocurriendo; al lado de un artillero formaba un ciudadano con zamarrilla, en pos de este venia otro en mangas de camisa y así de los demás. No era menos curioso el calzado; habia ginetes con alpargatas y espuelas; los habia tambien con zapatos y como no llevasen trabillas en los pantalones, resultaba que se arrollaban estos en la altura de las rodillas enseñando unas piernas que era cosa de ver. La columna, que la componian unos 50 hombres, iba uniformada por el mismo estilo.

Como un maestro zapatero tuviese la osadía, de preguntar en la calle de Fernando, á un grupo de paisanos armados, quien compraria las casas y el mobilario de los propietarios que se habian ausentado por temor de las circunstancias, si realmente se procedia á su venta á tenor de los bandos que en aquel entónces se publicaban; armóse entre ellos tal jarana que si el indiscreto zapatero no se dá prisa en abandonar la calle, á buen seguro que le hubiera parado mal.

El dia 3 de diciembre de 1842 fué para Barcelona el mas aciago y lamentable que en la negra historia de su martirio se encuentre consignado. Tantas calamidades, tantos desastres fueron obra de la obstinacion de algunos insensatos que movidos al impulso de su indómito valor resolvieron defenderse á todo trance sin tener esperanza alguna de socorro. El esfuerzo postrero de la ciudad desdichada, sin apoyo y sin recursos, fué el último resuello de un valor malogrado.

A las once y media en punto de la mañana de este dia principió el bombardeo desde el castillo de Monjuí contra la ciudad. Rompióse el fuego con mucho vigor pues continuamente véianse en el espacio ocho ó nueve bombas causando la muerte y total destruccion de cuanto se oponia á

su paso. Arrojaron muchos proyectiles incendia-
rios, por cuya razon por mas sólido que estuviese
construido el edificio que la casualidad hubiese
hecho servir de blanco, acababa la voraz llama lo
que la enorme mole del cuerpo destructor no habia podido conseguir. He mentado la palabra casualidad, porque el castillo dirigia sus fuegos no
sobre ningun punto fijo ni determinado de la ciudad, sino sobre cuanto se encerraba en ella; así
fué que lo mismo padecia un hospital, una casa
de beneficencia, una iglesia que cualquier otro
edificio, esto no obstante el tremolar en las me-
setas de sus campanarios los emblemas de la corporacion ó comunidad á que cada cual pertenecia.
Esos emblemas eran representados por unas grandes banderas que el viento parecia complacerse en
hacer ondear desplegando toda la pulcritud de sus
vivos y variados colores. No parecia sino que se
habia fulminado un anatema de destruccion y de
muerte sobre la ciudad desdichada! Al ver la
anarquía espumante; cual nuevos Empedoles pre-
firieron sembrar el fuego y la miseria entre una
multitud de inocentes, que no el castigo de los
culpables.

La fuerza armada corrió al momento á situarse
en las puertas de la ciudad para rechazar al enemigo en el caso de que intentase tomarla por asalto; la confusion y el desórden era tan grande que

nadie podia entenderse. Los infelices faltos de todo
recurso para subsistir fuera de sus propias habitaciones y que por lo mismo no habian evacuado
la ciudad, corrian desolados por las calles presos
de la mas acerba angustia y consternacion. Des-
plomábanse los edificios cayendo el maderaje y
desmoronada sillería sobre el inocente huérfano,
el anciano inofensivo, y lo que mas hace estremecer el corazon, sobre el infeliz que yacia pos-
trado en el lecho del dolor. Espiraba la cándida
vírgen en los brazos del que la dió el ser, recogia
la virtuosa consorte los esparcidos y mutilados
miembros del objeto de su ternura, del esposo en
quien libraba su subsistencia y la de sus desam-
parados hijos. Un padre se refugiaba en una Iglesia, una madre en un lúgubre y hediondo só-
tano pensando que el proyectil destructor se em-
botaria á la dureza de su nave, un hijo quedaba
horriblemente mutilado bajo los escombros de un
edificio! En cualquier parte que la vista se fijára
la muerte y destruccion estaban allí!

El terrible y horrísono estruendo que causaban
las casas al desplomarse, aumentaba considerablemente el dolor. Varios edificios eran otros tantos volcanes cuyos cráteres arrojaban bocanazos
de negro humo que iba á perderse á las mas altas
regiones. Mas, alejemos de nuestra conturbada
fantasía imágenes tan funestas!

A pesar del odio que todo ciudadano profesa
á las asonadas y la aversion á los desacatos públicos; ¿quién no preferirá mil veces las medidas
dulces y conciliadoras á un firman de destruccion
y ruina de un gran pueblo? Los catalanes creian
mas grande al Regente del Reino perdonando; y
habiendo venido en nuestro territorio para sancionar con su presencia actos que, en la suposicion
de ser indispensable la necesidad de ejecutarse,
jamás podia creerse que debiera ser autorizado
por el que hace las veces de los reyes.

Las iglesias estaban cuajadas de un numeroso
gentío; y como el fuego de Monjuich no cesase
un instante, resultó que todos los que se habían
acogido en aquellos sagrados asilos, cuando el
hambre principió hacerse sentir, nadie pudo decidirse salir á la calle para procurarse un triste
bocado de pan. Los chiquillos pedian á sus madres con el mas grande desconsuelo que querian
de comer; y las infelices respondian á sus cla-
mores con los ojos arrasados en lágrimas, *hijos
mios, no tengo!* Estas palabras destrozaban el
corazon.

En la iglesia de San Agustin, su venerable
párroco distribuyó con mano pródiga entre aquellos desgraciados que habian ido á refugiarse allí
cuanto comestible tenia en su dispensa. Mas de
cuatro cientas personas la mayor parte mugeres

y pequeños párvulos quedaron sin que pudiesen
probar el mas miserable sustento. Unos lloraban
acurrucados en lo mas recóndito de una capilla;
otros gemian recostados contra los pedestales de
las columnas que sustentan la nave de la iglesia,
otros en fin, prorrumpian en tiernos sollozos al
aspecto de una horrorosa muerte que creian inevitable; solo el párroco pudo fortificar y engran-
decer aquellas almas en fuerza del buen egemplo
y religiosas doctrinas que á cada paso y á cuanto
estaba á su alrededor inculcaba y difundia. Las
palabras que se desprendian de la boca del sa-
cerdote arraigábanse cual bálsamo consolador en
el corazon de aquellos desdichados.

Los fuertes de la ciudad no pudieron contestar al incesante fuego que vomitaba Monjuí por
no tener arreglados los morteros y por no haber
tal vez quien fuese práctico en el manejo de esta
arma; solo la batería de la puerta de S. Antonio
hizo algunos disparos que no pudieron obtener
ningun resultado.

A las dos de la tarde ardian varias casas, algunas tiendas estaban enteramente arruinadas y
muchas puertas y almacenes hechos pedazos por
los cascos de bombas. Barcelona veia estallar en
su seno, en medio de sus hermosas calles, de sus
magníficos edificios entre sus preciosas y grandes
fábricas, las mortíferas máquinas de guerra que

solo sirven y se disparan contra pueblos enemigos.
Ya se hundia una casa, ya otra, ya se veia luchar
á un desgraciado entre las angustias de la muerte
anegándose con su propia sangre ; todo era terror
y espanto. En medio de tanto estrago y consternacion , cual furias vomitadas del averno desen-
cadenóse una turba vil introduciéndose en las habitaciones presas por el voraz incendio , y so pretesto de librarlas de su indómito furor , entregá-
banse al mas bárbaro pillage y no parándose hasta la consumacion de livianos placeres , eccesos
terribles y sangrientos que la imaginacion se es-
tremece recordar !

Eran las cuatro de la tarde y el fuego continuaba con la misma impetuosidad. Cada minuto
eran nuevas desgracias que deplorar ; y si no se
escogitaba algun medio para entenderse con el general , vistos los estragos que causaban las bombas y demás proyectiles , la ciudad iba á ser reducida á escombros. A este efecto , pues , la Junta provisional comisionó á dos individuos de su
seno para que se avistasen con S. E. el Capitan
General entregándole el oficio que á continuacion
se espresa :

JUNTA PROVISIONAL DE GOBIERNO DE BARCELONA. Excmo. Sr.==
Esta Junta, en vista de que se han comenzado las
hostilidades contra la ciudad, se vé en la precision de
acudir á V. E. y manifestarle, que siendo nombrada pro-

visionalmente tan soló, y debiendo colocarse al frente
otra junta con el carácter de propietaria, y por la perentoriedad del tiempo igualmente, no ha podido todavía consultar al Pueblo y á la Milicia Nacional que es lo
que conviene determinar. Por lo tanto espera de V. E.
que dispondrá se suspendan las hostilidades por un tiempo bastante para conseguir y practicar lo que se deja indicado, y del cual se servirá V. E. darnos conocimiento;
asegurando á V. E. que pasado dicho término se dará á
V. E. una manifestacion de lo que se resuelva.—Barcelona á las dos de la tarde del 3 de diciembre de 1842.
—El que hace de presidente, Crispin Gaviria.—Francisco Altés.—Pablo Borrás.—El vocal secretario, Segismundo Fargas.—Al Excmo. Sr. Capitan General D. Antonio Van-Halen.

El general contestó á los enviados, que el
fuego no cesaria sino despues de haberse rendido
la ciudad, y que para poderlo creer, habian de
traerle presos cuantos individuos habian tomado
las armas en estos últimos dias para imponerles
el castigo á que se habian hecho acreedores.

Varios ciudadanos no pudiendo presenciar con
impasibilidad las sangrientas escenas de que era
teatro la capital, é incapaces de sacrificar su con-
ciencia al medro personal, dirigiéronse al pueblo
de Sarriá donde el gobierno sentára sus reales,
animados con el mas vivo deseo de poner término
á tan acerbos quebrantos. Entre esos esclarecidos
varones que emprendieron tan noble como ar-
riesgadísima tarea, debe hacerse particular men-

11

cion del acaudalado D. Francisco Puigmartí, á quien unian íntimos y estrechos lazos de amistad con el general Van-Halen. Este gefe tomó en consideracion las palabras vertidas por aquel recommendable ciudadano que le ofrecia la entera sumision de la ciudad; pues á las once y media de la noche del mismo dia, 3 de diciembre, un cohete lanzado desde el cuartel general anunció á los del castillo la órden de parar el fuego.

Doce horas mortales de un horroroso y no interrumpido fuego bastaron para reducir á la hermosa y festiva Barcelona en un estado el mas deplorable. En este espacio de tiempo cayeron sobre la ciudad 1014 proyectiles de diferentes calibres, es á saber:

Bombas de 14 pulgadas	380.	
Idem. de 12.	304.	
Idem. de 10.	96.	780.
Granadas de 9.	60.	
Idem. de 7.	36.	96.
Balas de 24.	62.	
Idem. de 12.	76.	138.
TOTAL.		1014.

Mas de cuatro cientas casas fueron traladadas ó destruidas enteramente por esos proyectiles. En la travesía de Lancaster desmoronóse un edificio acabado de construir envolviendo en sus escom-

bros á diez infelices que se habian acogido en el
mas hediendo y oscuro rincon de la misma habitacion. Una casa en la calle nueva de San Francisco, otra en la de Aray, otra en la de San Pablo, otra en la de los Arcos y algunas mas no
quedaron sino con sus desnudos cimientos y aun
estos terriblemente estropeados. Dos espaciosas
casas sitas en la Plaza de la Verónica fueron presas del mas voraz incendio. En el Hospital general cayeron cinco bombas causando grande estrago en el interior del edificio y el llanto y desconsuelo entre una multitud de desgraciados que
yacian en el lecho del dolor. En el de San Carlos
sucedió otro tanto; el capitan Luque que hacia
algunos dias se hallaba gravemente enfermo en dicho hospital, vino á caerle una bomba en su misma cama rompiéndole una pierna. El hermosísi-
mo Salon de Ciento de las Casas Consistoriales
cuyas entapizadas paredes eran antes asombro y
admiracion de cuantos penetraban en su recinto,
en el dia no es mas que un monton de ruinas, y
sus paredes ennegrecidas por el humo, ofrecen al
espectador un cuadro el mas horroroso que en su
vida haya presenciado. Varios edificios públicos
resintiéronse de los proyectiles destructores que
por todas partes alcanzaban; difuso seria por
cierto si me ocupase en individualizar las catástrofes que fué teatro Barcelona en este dia. Unas

veinte personas de todos secsos y edades fueron
víctimas en medio de los mas agudos dolores.
Apresurémonos á correr un denso velo á tan tristes como ominosos recuerdos!

Los partes que el general Van-Halen dirigió
al Sr. ministro de la Guerra desde su cuartel general de Sarriá con fecha 3 de este mes, son como siguen :

Despues de mi parte de anoche, todas las noticias que
he tenido de Barcelona me manifestaban la espantosa
anarquía que habia vuelto á renacer por consecuencia de
haber sido armadas otra vez las turbas que alistó la titulada junta directiva, las cuales imponian el terror á la
Milicia nacional, que á pesar de su grande superioridad
no se atrevia ó no queria contrarestarlas. Despues de amanecer se fueron confirmando estas noticias, y supe habian
creado otra junta, la cual publicó un bando obligando á
tomar las armas á todo hombre desde la edad de 15 á 50
años, y otro imponiendo penas á los Nacionales que no se
presentasen, ya estuviesen dentro ó fuera de la plaza,
dándose por algunos los gritos de « Viva Cristina », y
anunciando otros que arbolarian la bandera francesa. En
vista de todo esto, y en cumplimiento de lo que les anun-
cié ayer, perdidas todas las esperanzas que habia concebido hasta aquí de conseguir la sumision de la poblacion
de un modo digno sin mas desastres, oficié á los cónsules
inglés y francés lo que manifiesta la copia número 1º, y
df la órden al gobernador de Monjuich para que rompiese el fuego sobre la ciudad, el que empezó á las once y
media, sin que hasta esta hora, que son las ocho y media de la noche, se haya interrumpido : pues aun cuando

á las cuatro de la tarde un oficial parlamentario ha traido
el oficio cuya copia acompaño con el núm. 2º ninguna
de las personas que firman son conocidas de las infinitas
de Barcelona que se encuentran en este pueblo; y aunque lo fueran, con ellas no puedo tratar, y á cualquiera
le era muy fácil el poner una comunicacion tomando el
nombre de los que mandan en aquella poblacion: por lo
que de palabra he dicho á los parlamentarios que el fuego no cesaria hasta obtener la completa sumision, y que
para creerlo me habian de traer presos á los que componen la fuerza armada por Carsy para aplicarles la pena
á que se han hecho tan dignos.

Casi al mismo tiempo se me presentaron cuatro vecinos de la Barceloneta conduciendo los oficios que acompaño con los números 3º y 4º; y harto como lo estoy
de iguales ó mayores falsas promesas, les he contestado
lo que manifiesta la copia núm. 5º dando la órden á Monjuich para que por ahora no haga fuego sobre Barceloneta, sin perjuicio de continuarlo sobre la plaza durante
la noche, caso de que no se le mande cesar.

Despues de amanecer continuaré ó no el fuego segun
las circunstancias. Habia omitido decir á V. E. en mi parte
de anoche que habian fondeado en la rada un navío y
dos vapores francés, y dos navíos, una fragata y un
vapor inglés, y prócsimo á la punta del muelle el falucho
español *Rayo*, pareciéndome haber visto á la vela el bergantin *Héroe*. Del puerto han salido una porcion de embarcaciones mercantes de todas las naciones, y la mayor
parte han fondeado en la rada.

Una numerosa emigracion ha salido de Barcelona en
todas direcciones, habiendo dado la órden posteriormente
á todas las fuerzas para evitar en lo sucesivo la entrada
y salida en la plaza.

Y enterado el Regente del Reino se ha dignado resolver se traslade á V. E. como de su órden lo verifico
para su noticia y efectos consiguientes, con inclusion de
las copias que se citan. Dios guarde á V. E. muchos años.
Cuartel del Regente en Sarriá á 5 de diciembre de 1842.
—El marqués de Rodil.—Sr. Ministro de Marina, encargado del Despacho de la Guerra.

Núm. 1º Ejército de Cataluña.—E. M.—Cuando fué
disuelta la titulada junta directiva de Barcelona, y nombrada otra en su reemplazo con el título de Gobierno,
desarmó esta á la turba llamada republicana, que insistia
en el desórden para impedir que los demas habitantes,
que lo deseaban, reconociesen el legítimo Gobiérno, evi-
tando los desastres que debian prometerse de no verifi-
carlo. Perdidas las esperanzas de resistirse en rebelion,
se decidieron á embarcarse en varios buques nacionales y
estrangeros con el objeto de emigrar para evadirse del
castigo á que con arreglo á las leyes se han hecho acreedores; pero segun se me ha dado parte por un individuo
de la última junta disuelta, en el dia de ayer se les ha
permitido desembarcar para llenar de terror á los demas
habitantes, y poner la poblacion en el horroroso estado
de anarquía en que se encuentra. En este concepto, y
siendo preciso usar del rigor para someter á los rebeldes
se romperá el fuego contra la ciudad, Barceloneta y buques del puerto hasta conseguir que se entreguen los
sublevados y se restablezca el órden; y deseando que los
buques y súbditos de las naciones estrangeras no sufran
ningun detrimento, lo avisó á V. S. para su conocimiento, y á fin de que se sirva hacerlo saber, tanto á los
comandantes de buques de guerra y mercantes de su nacion, como á los demas cónsules estrangeros, para que
salgan del puerto todas las embarcaciones de sus respec-

tivas naciones ; pues solamente se les puede dar el término de seis horas, pasado el cual, cuando rompa el fuego, lo haré tambien sobre Barceloneta y la batería de la linterna, así como sobre los buques si sé que en ellos se refugian revoltosos.

Sírvase V. S. acusarme el recibo de esta comunicacion, espresando la hora en que la recibe. Dios guarde á V. S. muchos años. Cuartel de Sarriá 5 de diciembre de 1842.—El conde de Peracamps.—A los cónsules de Francia é Inglaterra en Barcelona.

P. D. Las seis horas de término que se marcan en esta comunicacion serán para no tirar sobre los buques; pero esto no obsta á que en el caso que sea necesario romper el fuego se verifique desde el momento.—Es copia.—Peracamps.

Núm. 2º Ejército de Cataluña. (*) Núm. 5º Ejército de Cataluña.—E. M.—Regimiento infantería de la Albuera, núm. 26.—Excmo. Sr. : Con la cooperacion de varios oficiales y de sugetos pudientes de la Barceloneta, despues de haberse trabajado 10 dias, se ha pronunciado este batallon de Nacionales que yo mando y 70 caballos del 4º, que todos obedecen al legítimo Gobierno de S. M. y de consiguiente la Regencia de V. A.

Todo lo que pongo en conocimiento de V. A. por si tiene á bien darme las órdenes que crea oportunas.

Dios guarde á V. A. muchos años. Barceloneta 5 de diciembre de 1842.—Sermo. Sr.—El comandante supernumerario, Juan Garcia.—Es copia.—Peracamps.

Núm. 4º Ejército de Cataluña.—E. M. Regimiento infantería de la Albuera, núm. 26.—Sr. gobernador de

(*) Es una comunicacion que pasó la última Junta provisional de Gobierno á S. E. el capitan general de este Principado para que suspendiese las hostilidades. (Véanse las páginas 160 y 161)

Monjuich : Suspenda V. S. las hostilidades de la Barceloneta, que ya tengo el batallon de ella en sumision al Gobierno legítimo, y me he puesto á la cabeza de 70 caballos de tropa ; y todo el mar, es decir, su costa á disposicion de las armas de S. M. : así pueden hacer un desembarque cuando gusten.

Todo lo que pongo en conocimiento de V. S. para que lo haga al del Excmo. Sr. Ministro de la Guerra, y de consiguiente al de S. A. el Regente del Reino. La premura y circunstancias no me permiten estenderme mas. Barceloneta 5 de diciembre de 1842.—El teniente coronel, segundo comandante supernumerario, Juan García.— Sr. gobernador de Monjuich.—Es copia.—Peracamps.

Núm. 5º Ejército de Cataluña.—E. M.—El modo de dar pruebas de ser fieles al legítimo Gobierno es hostilizar á sus enemigos, que tantos desastres han causado á Barcelona. Yo no haré fuego contra Barceloneta siempre que vea que la fuerza armada de que V. me habla hostiliza á los rebeldes armados que dan la ley en este momento en la ciudad.

Fortifíquese V. contra ellos ; impídales el que entren en esta poblacion ; fusile á cuantos coja de los que la hostilicen, procurando el impedirles que puedan embarcarse, contando con el apoyo de las fuerzas navales de la nacion y el que yo pueda prestarles.

Dios guarde á V. muchos años. Cuartel general de Sarriá 5 de diciembre de 1842.—El conde de Peracamps. —Sr. comandante de la Albuera que manda las fuerzas de Barceloneta.—Es copia.—Peracamps.

Excmo. Sr. : ahora, que son las doce de la noche, y cuando ya estaba cerrada la comunicacion en que se traslada á V. E. el parte de hoy del capitan general de este distrito, se ha recibido otro, del que enterado S. A. el

Regente del Reino, se ha dignado resolver se remita á V. E. copia, como de su órden lo verifico, para su conocimiento y demas efectos que V. E. juzgue convenientes. Dios guarde á V. muchos años. Cuartel del Regente en Sarriá á 5 de diciembre de 1842.—El marques de Rodil. —Sr. Ministro de Marina, encargado del Despacho de la Guerra.

Ejército de Cataluña.—E. M.—Excmo. Sr. : A las diez y media de la noche se me han presentado las personas que espresa la adjunta lista, todas ó al menos la mayor parte de arraigo y alguna representacion en Barcelona, manifestándome que la misma junta que hoy está á la cabeza de la insurreccion les había suplicado viniesen á mi cuartel general á ofrecerme que si se suspendia el fuego por 24 horas, en ellas reuniendo los vecinos y Milicia nacional arreglarian la sumision de la poblacion al Gobierno.

Aun cuando por 19 dias he visto constantemente frustradas cuantas esperanzas se me han dado por el mismo estilo, he mandado un ayudante de campo mio á Monjuich para que se suspenda el fuego; y he dicho á los comisionados que si para mañana á las siete de la tarde ho han realizado lo que me ofrecen, continuará el fuego con mayor actividad.

Una nueva comunicacion que he recibido de Barcelona ratifica su sumision, diciendo están decididos á morir en defensa de nuestros juramentos, y en su consecuencia les repito lo que les he dicho esta tarde, con algunas otras prevenciones para que nos ayuden á conseguir la captura de los principales cabecillas y fuerza armada por la Junta republicana.

Dios guarde á V. E. muchos años. Cuartel general de Sarriá 3 de diciembre de 1842.—Excmo. Sr.—El conde de Peracamps.—Excmo. Sr. Secretario de Estado y del Despacho de la Guerra.—Es copia.—Rodil.

Ejército de Cataluña.=E. M.=Relacion de los individuos que se han presentado esta noche procedentes de Barcelona para pedir que se suspendiesen las hostilidades, y ofreciendo la sumision de la ciudad.

D. Francisco Puigmartí.

D. Ramon Puigmartí.

D. Andres Basté.

D. Antonio Mas y Bergada.

D. Pedro Duran.

D. José Puig.

D. Miguel Planell.

D. Rafael Ramoneda, menor.

Cuartel general de Sarriá 3 de diciembre de 1842.=Peracamps.=Es copia.=Rodil.

A las ocho de la mañana del dia 4, casi todas las cabezas de familia que habian permanecido en la ciudad durante el horroroso bombardeo reuniéronse en las parroquias con el objeto de nombrar una Junta para el restablecimiento del órden y facilitar la entrada del ejército y de las autoridades. Esa Junta para sacar partido de las circunstancias tuvo que arrostrar toda clase de compromisos, ya haciendo arrancar las banderas negras que tremolaban en las fortalezas y en algunos puntos de los algarbes de las murallas, ya procediendo al desarme de aquella multitud que se entregaba á los mas bárbaros escesos. Hé aquí

detalladas con el mayor escrúpulo y rigurosidad
los trabajos de la referida Junta.

A las diez de la mañana del 4, algunos alcaldes de barrio y un crecido número de propietarios se reunieron en casa del Sr. D. Francisco
Puigmartí manifestándole, que todos ó la mayor
parte de las cabezas de familia que habian permanecido en la ciudad sufriendo el bombardeo de
la noche y dia anterior, se habian acercado en
casa de los señores Curas Párrocos, y que por
aclamacion todos habian manifestado el mas vivo
deseo de poner término á los males que se sufrian
y motivaron los sucesos ocurridos á despecho de
los hombres de bien. Todos unanimamente convinieron en que el mejor y mas espedito medio
para alcanzarlo, era el de desarmar la fuerza que
habia supeditado á cuantos ciudadanos no habian
abandonado sus hogares desde la tarde del dia
dos en que cesó de hecho la junta llamada conciliadora. Tambien se convino en que se pondria
á conocimiento del legítimo gobierno que el vecindario le estaba sumiso, y que ansiaban con el
mayor frenesí por el momento, en que entrando
el ejército y las autoridades, se restableciese la
calma y tranquilidad que por tanto tiempo habia
desaparecido de esta hermosa capital. Esos respetables ciudadanos decidiéronse á principiar el desarme escitando con grande ahinco á que tomasen

parte en él todos los hombres honrados de las parroquias, entre los cuales podia contarse un considerable número de milicianos nacionales que habian dejado sus filas. Acto continuo se nombraron algunos individuos para que constituyéndose en junta y representando las parroquias, impulsasen y dirigiesen tan importante operacion, dictando cuantas providencias les sugiriese su celo y civismo para llevar á cabo hasta que estuviese completamente restablecido el órden legal.

Hé aquí la lista de los sujetos que fueron elegidos por las parroquias para formar la Junta.

D. Francisco Puigmartí.

D. José Ribas.

D. José Gorgas, cura párroco de Santa María.

D. José Luis de Rocha.

D. Antonio Cuyás.

D. Juan Boet.

D. Antonio Carbonell, regente interino.

D. Domingo Guibert y Saurí.

D. Simon Singla.

D. Jaime Guix.

D. Jacinto Carreras.

D. José Novell, cura domero.

D. Antonio Mas y Burgada.

D. Vicente Casas, regente.

D. Tomás José Barba.

D. Juan Bautista Clavé.

D. Narciso Vidal y Campderrós.

D. Manuel Armengol.

D. Tomás Illa y Balaguer.

D. Juan Ferrrer.

D. Antonio Sala y Olivella.

D. Jaime Corominas, cura párroco.

D. Pio Serra.

D. Antonio Anfruns.

D. José Puigmartí, ecónomo.

D. José Casas y Munt.

D. Francisco Bruguera, presbítero cura
párroco de S. Miguel del Puerto.

D. Magin Figuerola.

D. Pablo Curet.

D. Cristóbal Anduez.

D. Fernando Martinez.

D. Jaime Rigalt y Alberch.

D. Pablo Puigmartí.

D. Antonio Vila, presbítero.

D. Gerardo Rovira.

D. José Llusá.

D. Juan Aldavert.

D. Magin Roca.

D. Jacinto Ratés.

D. José Maria de Grau.

D. Mariano Gonzales, presbítero.

D. José Maria Rogent.

D, Juan Masferrer.

D. Rafael Relmoneda.

D. Francisco Belza.

Como estuviesen presentes los comisionados
por la mayor parte de las parroquias, se consti-
tuyeron en junta y nombraron por unanimidad
para presidente á D. Francisco Puigmartí, tanto
por sus apreciables circunstancias; como por deberse á su feliz inspiracion y patriótico arrojo el
fin del bombardeo y el principio de la reaccion
que se efectuaba. Tambien fueron nombrados por
unanimidad vice-presidente el Sr. D. José Ribas
y secretario D. Francisco Belza.

Como era conocido el objeto de la reunion y
unánime el deseo de los Sres. comisionados, se
comunicaron las observaciones que cada uno habia hecho sobre el espíritu público entre sus comparroquianos y los esfuerzos que se habían hecho
y se estaban haciendo en todos los cuarteles de la
ciudad para conseguir el objeto del deseo general,
resultando de estas comunicaciones y del cumplimiento de las disposiciones de una parte de la
Junta, que algunos vecinos habian conseguido la
ocupacion de los fuertes de la Ciudadela y de
Atarazanas, y sucesivamente la de las puertas,
murallas y edificios convenientes y que en todas
las demás parroquias iba teniendo el mayor écsito
el desarme por la actitud imponente y decidida

del vecindario, que recorria las calles armándose con los fusiles de los vencidos: asi es que se consideró efectuada la reaccion y llegado el caso de participarlo al Excmo. Sr. Capitan general y de suplicar á S. E. se sirviese apresurar la marcha de las tropas y ocupacion de los fuertes, ínterin la Junta continuaba mantener el órden en lo interior. Se acordó que asi se hiciese, y se nombró una comision compuesta del Sr. presidente y de los señores D. Juan Bautista Clavé, D. Jacinto Ratés, D. Antonio Mas y Burgada, y D. Rafael Ramoneda, para que pasasen inmediatamente al cuartel general con el objeto indicado. Se acordó tambien publicar el estado satisfactorio en que se iba poniendo la ciudad y la salida de los comisionados; se redactó una alocucion al efecto, que aprobada se mandó á la imprenta y salió la comision.

Acto continuo se presentó un ciudadano, que dijo venia comisionado por la Barceloneta para noticiar que los soldados que habian quedado en aquel barrio, unidos al vecindario, habian desarmado varios individuos de la patulea que habia en él, y á los que ocupaban el fuerte de D. Carlos; que en seguida habian entrado por la puerta del Mar y se dirigian á la Ciudadela; y que en poder del Alcalde del mismo barrio quedaban treinta fusiles á la disposicion de la Junta. Esta quedó enterada y contestó que volviese y manifestase á sus comparroquianos lo gratas que le habian sido tan satisfactorias noticias, que les diese á conocer que en el mismo estado se hallaba ya toda la ciudad por la decision con que todos sus moradores se habian lanzado sobre el enemigo comun, y que los escitase á que mantuviesen el órden y enviasen sus comisionados para terminar con las demas parroquias, que ya estaban reunidos, una operacion tan felizmente comensada. Se desarmaron entre otros doce ginetes y se acordó se colocasen los caballos en lugar seguro para entregarlos despues á los cuerpos del ejército.

Presentóse en la reunion otro ciudadano participando que la guarnicion del Fuerte Pio habia sido desarmada, segun las órdenes recibidas. La Junta oyó con satisfaccion esta noticia y quedó enterada.

El Sr. vice-presidente propuso que se nombrase una comision para poner en seguridad los caudales de la Excma. Diputacion provincial que segun noticias estaban abandonados, como así mismo los demás caudales públicos que estuvieren en el mismo abandono. Aprobada esta proposicion despues de la ligera discusion que permitia la urgencia del negocio, á propuesta del mismo señor vice-presidente fueron nombrados para desempeñarla los señores D. Tomás Illa y Balaguer,

D. José Novell, domero de S. Pedro, D. Pio Serra y D. Fernando Martinez. El señor Illa hizo dimision, y no habiéndole sido admitida, pidió se le diese un certificado para acreditar su cometido y que se nombrase escribano ante quien actuar cuanto hubiese necesidad de hacer. Acto continuo se le dió el certificado y con respecto al escribano se acordó, que la comision se sirviese del que tuviese por conveniente.

De la Barceloneta avisaron la llegada á aquel barrio de un edecan del Excmo. Sr. Capitan General, diciendo que se habia dirigido á Atarazanas con alguna tropa de caballería, y la junta, á propuesta del señor Illa, comisionó á los señores D. Juan Boet, D. Antonio Vila y D. Tomás José Barba para que noticiasen á dicho edecan la instalacion de la junta á consecuencia de la reaccion principiada al amanecer, los trabajos en que se ocupaba y el estado actual de la ciudad, y le suplicasen no innovasen nada hasta que resolviese S. E. á quien se habia dado parte de todo.

Se presentaron los señores comisionados de las parroquias de Santa María y Santos Justo y Pastor, tomaron asiento, confirmaron las noticias que ya se tenian sobre el feliz écsito de los esfuerzos que habia hecho el vecindario para someter las fuerzas que ocupaban la Ciudadela y Atarazanas, añadiendo que habian logrado desarmar-

12

los, amenazando á unos y halagando á otros con la promesa de emplear toda su influencia para que les fuese perdonado el estravío y ecsigieron que se cumpliese esta promesa. Enterada la junta manifestó su satisfaccion por tan feliz suceso, y todos sus individuos se ofrecieron gustosos á emplear su influencia en favor de aquellos desgraciados.

Dichos comisionados participaron tambien que ya habian dado conocimiento de lo ocurrido al Excmo. Sr. Capitan General por medio de D. José Luis de Rocha, que era otro de los comisio- nados por la de Santa María para representarla en la junta.

La comision encargada de poner en seguridad los caudales públicos, dió cuenta de haber encon- trado el cajero responsable de los de la Excma. Diputacion provincial encargado de órden de S. E. en hacer el arqueo de los que habian quedado en las arcas, las cuales habian sido forzadas y roba- das en parte; y manifestó que habiéndole dicho este cajero que podian descansar, pues quedaba todo á su cargo, pasaron sucesivamente á las Ca- sas Consistoriales y á la de los comunes depósitos, y encontraron que las arcas estaban intactas y bajo la custodia de sus respectivos encargados, habiéndoles acompañado en estas operaciones el escribano D. Sebastian Martí á quien requirieron al efecto.

D. José Fabra y Roca, alcalde del barrio tercero cuartel cuarto, participó que tenia en su poder ciento veinte fusiles que le habian entregado los zapadores, y la junta acordó que los guardase para entregarlos al gobierno.

D. Antonio de Asprer nombrado por el señor presidente para mandar la fuerza que mantenia el órden en la puerta de la casa donde se depositaban las armas recogidas y se celebraba la sesion, dió frecuentes partes del buen écsito que iba teniendo el desarme y del considerable número de fusiles que se iban recogiendo; y se acordó que siguiese cuidando de su conservacion y armando paisanos honrados hasta que se abriesen los almacenes de Atarazanas, que era donde debian depositarse.

D. Diego San Pelayo presentó en clase de detenido á Miguel Sans por haberlo encontrado en la calle Ancha con un saco de calderilla: y la junta acordó que pasase inmediatamente en la misma clase al cuerpo de guardia de la puerta del Angel, el cual estuvo á disposicion de la misma desde que antes de su instalacion fué ocupado aquel punto por la fuerza que envió el señor presidente, y acordó tambien que el dinero quedaba sobre la mesa para entregarlo despues al señor alcalde constitucional juntamente con su portador.

D. Antonio Cuyás, comisionado por la parroquia de Santa María solicitó se diese á D. Sebastian Torné, cabo del disuelto escuadron de húsares de la Milicia nacional, la autorizacion que pedia para recoger y custodiar en el cuartel de su escuadron algunos caballos de la patulea, y se le dió esta autorizacion por escrito.

D. Matías Milá, uno de los encargados de impulsar el desarme y velar por la seguridad pública, presentó en clase de detenido á Francisco Costa por haberle encontrado que intentaba robar en la casa de Gayolá, calle de los Arcos, cuya casa, dijo, estaba ardiendo. La junta comisionó inmediatamente á los señores D. Juan Masferrer y D. Magin Figuerola para que con los serenos ya reunidos á la órden de su cabo, se presentasen á la casa incendiada y cuidasen de apagar y de poner en seguridad los muebles y efectos de la misma; y con respecto al detenido, se envió en la misma clase al cuerpo de guardia de la puerta del Angel, para ponerlo despues á disposicion del señor alcalde constitucional.

Volvió el señor presidente con la comision encargada de participar al Excmo. Sr. capitan general la instalacion de la junta, sus trabajos y el aspecto que presentaba la ciudad á su salida; venia en su compañía y tomó asiento el señor D. Luis de Rocha, comisionado por la parroquia de Santa María, que por encargo de sus comparrocuianos habia pasado con lá misma comision al cuartel general, y todos manifestaron, que habian sido recibidos y oidos con agrado por S. E., y que les habia encargado continuasen restableciendo el órden hasta que principiasen á ejercer sus funciones los señores alcaldes y el ayuntamiento constitucional, mandándoles al mismo tiempo que publicasen un bando advirtiendo que seria castigado con todo el rigor de ley el que de palabra ú obra insultase á cualquiera persona, ya fuese paisano, ya individuo del ejército, y previniendo que dentro del término de tres horas entregasen los vecinos en el fuerte de Atarazanas todo el armamento, fornituras, cajas de guerra y cornetas que tuviesen : manifestaron tambien que habian sido despedidos con la mayor cordialidad, ofreciéndoles S. E. que las tropas observarian la mas rigorosa disciplina. La junta acordó publicar inmediatamente el bando, se estendió y aprobó la minuta y se envió á la imprenta, con encargo de que con la alocucion se imprimiese en la primera que se encontrase abierta, si no lo estuviese aun la de Brusi.

Se suspendió la sesion por un corto rato.

Reunidos poco tiempo despues los señores vocales de la junta, se notó que no se habian fijado en los parages públicos ni la alocucion ni el bando, y salió una comision para informarse del motivo de la tardanza : volvió y dijo que la única imprenta que se habia encontrado abierta, era de D. Antonio Brusi, que en ella se ocupaban los cajistas de aquellos documentos, pero que habian interrumpido su trabajo para emprender el de la proclama y bando del Excmo. Sr. capitan general, y que así que los concluyesen se ocuparian de los de la junta, los cuales quedarian fijados por la mañana en las esquinas y se publicarian en el diario de avisos.

Con noticia de que el señor brigadier gefe de las armas en el fuerte de Atarazanas estrañaba la lentitud con que se entregaban, se nombró una comision para que hiciese conducir á aquel fuerte todas las que estaban á disposicion de la junta, y habiendo vuelto la comision manifestando la imposibilidad de efectuar la entrega por lo avanzado de la hora, de lo que habia quedado convencido el señor brigadier; se acordó diferirla hasta la mañana siguiente, en la que podian entregar tambien los alcaldes de barrio las que habia en el edificio de Belen y en el cuartel de los Estudios.

Se participó á la junta que el alcalde de barrio D. N. Cuadros se habia hecho cargo de sesenta y pico onzas de oro y alguna cantidad en plata, y se acordó que se pasase oficio al señor alcalde primero para que pudiese resolver lo que considerase justo.

Se nombró una comision compuesta del señor presidente , D. Juan Bautista Clavé , D. Jacinto Ratés, D. Antonio Mas y Burgada, D. Rafael Ramoneda menor y D. José Luis de Rocha , para hacer presente al E. S. Capitan general el resultado que hasta aquella hora habian tenido los trabajos de la junta y para recibir sus órdenes. Volvió la comision y dijo que S. E. la habia recibido con agrado y le habia prevenido que cesase la junta en sus funciones tan luego como el ayuntamiento estuviese ejerciendo las suyas ; que con el objeto de ponerse la comision de acuerdo con el cuerpo municipal habia pasado por las casas Consistoriales y habia visto que ya estaba reinstalado, y que asi proponia cesase desde el momento la junta y diese publicidad á esta disposicion en la forma acostumbrada , por medio de un escrito que al efecto se redactaria é imprimiria, y que al mismo tiempo se pusiesen á disposicion del señor alcalde constitucional los dos detenidos de que se ha hecho mérito , añadiéndole que podia disponer de los veinte ó veinte y cuatro duros en calderilla, de que era portador Miguel Sans , que quedaban en poder del señor presidente.

Hé aquí la alocucion que la Junta dirigió á los habitantes de esta ciudad :

Barceloneses.

La Junta representativa de esta ciudad, nombrada en la mañana de hoy por los vecinos de todas las parroquias, ha logrado con sus eficaces y activas providencias el desarme de la fuerza que se oponia al bien general, y una comision de su seno compuesta del señor D. Francisco Puigmartí, y cuatro individuos, ha salido para participar al Excmo. Sr. Capitan general tan satisfactoria noticia.

Barceloneses: permaneced tranquilos conservando el aspecto imponente y decisivo que en pocos momentos ha restablecido la tranquilidad que anhelábamos, y de este modo todo lo debeis esperar de S. A. el Regente del reino.

Barcelona 4 de diciembre de 1842.==El presidente, Francisco Puigmartí. == El vice-presidente, José Ribas. Juan Bautista Clavé. José Maria de Grau. Tomás José Barba. Juan Boet. Antonio Cuyás. Antonio Aufums. Pio Serra. Jacinto Ratés. Jaime Rigalt. Rafael Ramoneda, menor. Antonio Sala y Olivella. Cristobal Arduell. Magin Roca. Antonio Mas y Burgada. Jacinto Carreras. José Gorgas. José Luis de Rocha. Manuel Armengol. Narciso Vidal y Campderós. Simon Singla. Juan Ferrer y Uguet. Gerardo Rovira. José Casas y Munt. Vicente Casas. Pablo Puigmartí. Pablo Curet. Magin Figuerola. Francisco Bruguera. José Novell. Tomás Illa y Balaguer. José Puigmartí. José Maria Regent. Fernando Martinez. José Llusá. Juan Masferrer. Jaime Guix. Antonio Vilamaña. Domingo Gibert. Ramon Trillas. Francisco Belza, secretario.

A las 7 de la noche del mismo dia, la Junta manifestó por medio de un aviso que mandó fijar en los parages públicos de esta ciudad, que iba á cesar en el ejercicio de sus funciones, dice asi:

Barceloneses.

La Junta elegida por las parroquias de esta capital despues de recibir órdenes del Excmo. Sr. capitan general de este ejército y cerciorada de que el Excmo. cuerpo municipal ha sido reinstalado en sus fracciones, cree eu su deber anunciar que cesa en su cometido pues que la ley no la permite ya subsistir en el concepto de corporacion. Barcelona 4 de diciembre de 1842.==El presidente, Francisco Puigmartí.==Por acuerdo de la Junta, el vocal secretario, Francisco Belza.

De este modo terminó la Junta de parroquias su ecsistencia despues de once horas de creacion, durante las cuales por repetidas veces tuvo que esponer su vida para llevar á cabo el fin que se habia propuesto. Varios ciudadanos cooperaron á tan laudable como patriótico objeto, pudiendo comprimir ya con alhagos, ya con fuertes amenazas la saña de aquellos dos mil insensatos que su obstinacion y ceguedad iba al dia siguiente á convertir la segunda capital de España en una antigua Necrópolis. Parte de los *Patulcas* fueron detenidos en la Barceloneta al momento de embarcarse, y los demás pudieron fugarse por distintas puertas de la ciudad.

A las tres de la tarde del mismo dia, 4 de diciembre, verificó el ejército su entrada en la ciudad con la mayor subordinacion y disciplina. Todas las puertas de las habitaciones estaban cerradas, las calles desiertas y abandonadas, solo el ruido que causaban las pisotadas de los soldados interrumpian el sepulcral silencio que reinaba en aquella vasta y dilatada mansion. A la vista de tantos escombros y de ruinas, de rastros de sangre y de fuego que devoraba aun el seno de algunos edificios, habia de conmoverse el corazon de aquella hueste española que en un tiempo defendió, con los habitantes de la ciudad desdichada, con entusiasmo y patriótico ardor la causa santa de la Libertad.

En la tarde de este dia entró el general Zurbano en la Ciudadela con un batallon del Infante; y á las cuatro de la misma lo verificó el general Van-Halen, Gefe político y estado mayor con tres batallones y dos escuadrones. Una hora despues circulaba con profusion el siguiente manifiesto.

Catalanes.

En la mañana de este dia se ha sometido esta plaza al legítimo gobierno. Los autores y principales cómplices de la escandalosa sedicion que ha consternado á todos los pueblos de este distrito y de la nacion entera, serán juzgados, y el rigor de la ley caerá sobre sus cabezas. La industriosa Barcelona, me prometo, no volverá á ser teatro de sangrientos combates, ni hollada la ley, ni arrastrado el código que ha jurado la nacion.

La sensatez de todo el pueblo catalán rechazará las maquinaciones de todos los partidos contrarios á su prosperidad, y que cegados por la ambicion, pretenden sumir á este suelo clásico en el desórden y la anarquía, para que el despotismo no vuelva á entronizarse.

Catalanes todos: vivid alerta y que la seduccion y la perfidia os encuentren prevenidos, para que jamas se enarbole el pendon ominoso que tantos desastres ha causado y confiad en el celo de vuestras autoridades, y particularmente en vuestro Capitan general.

Barcelona 4 de diciembre de 1842.==El conde de Peracamps.

Al anochecer se publicó con todo el aparato militar un bando que declaraba la plaza de Barcelona en estado escepcional desde el primer dia que se rompió el fuego contra el ejército, decretábase tambien la disolucion de toda la Milicia

nacional de esta ciudad , etc. El bando á que se
hace referencia está concebido en estos términos :

D. ANTONIO VAN-HALEN , SARTI , MURPHI Y CASTAÑEDA , CONDE DE PERACAMPS, etc., etc., etc.

Sometida la plaza de Barcelona al imperio de la ley
hollada por la mas escandalosa sedicion , mi principal deber es prescribir las medidas que en los primeros momentos considero mas análogas para afianzar el órden , ani-
quilando todo gérmen de anarquía, para castigar los crímenes que se han perpetrado, y para que los españoles
honrados fieles defensores del trono legítimo de nuestra
inocente reina , de la Constitucion jurada y de la Regencia con que la nacion ha investido al duque de la Victoria, tengan el escudo que salve sus personas y propiedades de la ambicion y del encono de los partidarios del
despotismo. En su consecuencia y en uso de las facultades que me han sido conferidas y que están declaradas
por ordenanza al general en gefe de un ejército en cam-
paña, vengo en decretar por este bando lo siguiente :

Artículo 1? Declarada la plaza de Barcelona en estado
escepcional desde que se hizo el primer disparo contra
las tropas del valiente, leal, y benemérito ejército ; continuará el estado de sitio todo el tiempo que lo exijan
las circunstancias.

Art. 2? Queda disuelta en Barcelona toda la Milicia
nacional de todas armas, hasta que se determine la reor-
ganizacion con estricta sujecion á la ley.

Art. 3? Todas las armas y demas efectos de guerra
correspondientes á dicha Milicia nacional, y cuantas se
hayan estraido de los almacenes de la nacion con todos

los artículos y efectos pertenecientes al estado se entregarán en Atarazanas en el plazo improrrogable de 24 horas, desde la publicacion de este bando.

Art. 4º Pasado este término, será pasado por las armas todo el que haya faltado al cumplimiento del artículo anterior.

Art. 5º La persona que denunciare en tal caso la ecsistencia de arma, ó armas en poder de persona, casa, establecimiento ú otro punto, recibirá en el acto de la aprenston diez mil reales, que pagará despues la persona ó dueño de la casa, establecimiento ó punto donde aquella ó aquellas se encuentren, y si fuesen insolventes responderán de su satisfaccion los vecinos del barrio.

Art. 6º Todos los vecinos y habitantes de Barcelona, entregarán tambien dentro de dos dias todas las armas de fuego y blancas de guerra ó uso prohibido aunque sean de su propiedad, y hasta las escopetas de caza; pues cuando la autoridad considere oportuno conceder licencia para tal ejercicio le será devuelta la que le pertenezca.

Art. 7º El que faltare al cumplimiento del artículo anterior sufrirá la multa de diez mil reales, la mitad para los gastos de guerra y la otra mitad para el denunciador.

Art. 8º Los caballos, equipages, muebles, dinero y cuantos efectos pertenecientes á los individuos de la guarnicion hubiesen sido estraidos ó robados serán devueltos inmediatamente ó restituido su importe por los culpables ú ocultadores.

Art. 9º Todo el que cometa un robo, desórden ú otro crímen, pertenezca á la poblacion ó al ejército, será pasado por las armas.

Art. 10. La autoridad legalmente constituida velará para que los criminales sean perseguidos, para que la vindicta público sea reparada cual corresponde. Todo el que de hecho ó de palabra atente ó insulte será castigado con toda severidad. Asi las tropas como los habitantes de Barcelona guardarán silencio sobre los sucesos pasados, y no habrá otro sentimiento que el de procurar de estrecharse como hermanos, quedando responsables, las autoridades, á las que únicamente incumbe juzgar en justicia los delitos.

Barcelona 4 de diciembre de 1842.==El conde de Peracamps.

En consecuencia del bando que precede fueron desarmados á la mañana siguiente diez batallones, una batería y el escuadron de Milicia nacional, toda la fuerza que habia de esta arma en la ciudad cuyo número ascenderia á unos 9400 hombres. Esa fuerza ciudadana, contaba 27 meses de creacion, y el lujo y brillantez en que se presentaba en todas sus formaciones, sorprendia agradablemente á cuantos naturales y estrangeros tenian ocasion de recorrer por el frente de sus filas.

A las 11 de la mañana del 5 y en ocasion en que el firmamento parecia iba á desgajarse en agua, publicóse con grande aparato militar el siguiente:

BANDO.

D. ANTONIO VAN-HALEN, SARTI, MURPHI Y
CASTAÑEDA, etc., etc., etc.

Siendo indispensable al buen servicio del estado, conocer y juzar la conducta observada desde el dia 15 del
mes último, al romperse el fuego, hasta el de la fecha,
por los militares de cualquiera clase y empleados del gobierno, que no han seguido á las tropas del ejército; en
virtud de las facultades que me competen, ordeno y
mando:

Art. 1º Se presentarán al gobernador militar de la
plaza ó gefe á quien este encargue, los militares de cualquiera clase ó graduacion, que hayan prestado obediencia
á la Junta revolucionaria ó tomado parte en la insurreccion. Los pertenecientes al ramo de marina se presentarán al gefe superior de su instituto. Se presentarán asi-
mismo, todos los empleados públicos de cualquiera ramo,
al gefe del suyo respectivo; verificándolo los dependientes del ministerio de la gobernacion al gefe político de la
provincia; los del de Hacienda al Intendente de rentas,
y los del de Gracia y Justicia al regente ó decano de la
Audiencia.

Art. 2º Las personas á que se refiere el artículo anterior, serán juzgadas por una comision militar que quedará instalada en este dia.

Art. 3º Los individuos de que trata el art. 1º que

dejen de presentarse en el preciso término de veinte y cuatro horas serán pasados por las armas, en el caso de ser habidos despues de trascurrir el tiempo prefijado.

Art. 4º La misma pena, de ser pasados por las armas, sufrirán los dueños de las casas en que se oculten las personas de que habla el artículo que antecede.

Art. 5º Tambien se presentarán al gobernador militar, los militares de cualquiera clase, que sin haber reconocido las juntas ni tomado parte en la insurreccion, hayan permanecido en esta plaza desde el dia 24 de noviembre, en que por consecuencia de mi reclamacion, hizo público la Junta revolucionaria que se entregaria libre pase para salir de la ciudad á los que quisieran ir á reunirse al ejército. Los empleados que se hallan en iguales circunstancias, deberán presentarse á las autoridades de sus respectivos ramos, segun se espresa en el artículo primero.

Art. 6º Los individuos comprendidos en el artículo 5º quedan por el solo hecho de haber permanecido voluntariamente entre los sublevados, suspensos de sus empleos; sin perjuicio de justificar despues plenamente háberles sido imposible la salida de la plaza, á pesar de lo dispuesto por la Junta y publicado el citado dia 24 del mes prócsimo pasado.

Barcelona 5 de diciembre de 1842.—El Conde de Peracamps.

Relacion de los señores brigadier y demas gefes nombrados para presidente, vocales y fiscales que han de componer la comision militar permanente de esta plaza, para juzgar á los comprendidos en mis bandos de ayer y hoy, cuyo tribunal se ha de reunir en este mismo dia y tendrá sus sesiones en la habitacion del gobernador de la ciudadela de la misma.

PRESIDENTE. Brigadier, D. José Muñoz.

VOCALES. Coronel , D. José Pujol.

Coronel teniente coronel, D. Ramon Infante.

Teniente coronel coronel, D. Ignacio Chinchilla.

Teniente coronel, D. Lucas Masot.

Coronel primer comandante, D. Manuel Bayon.

Coronel primer comandante, D. Joaquin Manresa.

Comandante, D. Pedro Caro.

Comandante, D. Bartolomé Vizconti.

FISCALES. Teniente coronel segundo comandante , don José Callis.

Idem id. id., D. Ignacio Sequera.

Capitan , D. Ramon Frans.

Idem , D. Pedro Estaris.

Barcelona 5 de diciembre de 1842.==El conde de Peracamps.

Los sugetos que fueron nombrados para componer la comision militar de esta plaza, dieron principio á sus trabajos con aquel aplomo y circunspeccion, destellos súblimes y encantadores de almas nobles, de conciencias sin mancilla que no llegaron á conocer jamás la doblez ni mezquindad. Demasiado grandes para que la vara de la justicia se torciese en sus manos , al través de las revueltas intestinas, de las sangrientas escenas que acababa de ser teatro la capital de Cataluña, estremecíanse al aspecto de la mórbida frente de un desgraciado que quizás la mas negra y espantosa miseria , la desesperacion habia conducido al deplorable estado en que se encontraba , al pronunciar el tremendo fallo que le escluia para siempre de la sociedad. El arrepentimiento es una tardía espiacion cuando la ley esteriliza sus lúgubres acentos.

En el momento en que escribo este opúsculo, 16 de diciembre de 1842, la comision militar permanente de esta plaza ha juzgado y sentenciado á los individuos que á continuacion se espresan:

A ser pasados por las armas;
Miguel Soler (a) Carcana. José Ferran. Juan Ortiz. José Salas. Juan Barberá. Beltran Gall. Tomás Rojas. Mariano Pola. Domingo Gonzalez. Ramon Garcia. Francisco Boronát. Tomás Gonzalez. Sebastian Perez. Manuel Rubio.

A diez años de presidio:
Joaquin Yepes. Antonio Cereso. José Domingo. Antonio Jordan. Tomás Puigsala. Marcos Miguel. Nicolás Marcos. Simon Suarez. Leon Lopez. Tomás Fernandez. Inocencio Escobar. Luis Rubio. Jacinto Sedo. Miguel Viñas. Francisco Oliva. Juan Jurban. José Oliver. Francisco Moreu. Francisco Varela. Jacinto Damaso. Ramon Sanchez. Bautista Moragas. Agustin Gomez. Julian Montaner. Juan de Beba. Melquíades Benito. Romualdo Martí. Ignacio Huertas. Domingo Canto. José Fernandez. Manuel Terreras. Gayetano Amat. Sandalio Bibemeos. Andrés Perez. Vicente Caballero. José Cucurulla. José Juan. Patricio Antonio. Juan

Ariza. Doroteo Rivas. Francisco Diaz. Pablo Tomás. Antonio Ramon. Andrés Prades. Antonio Herreras. Antonio Giner. Bernabé Serafin. Cayetano Brivier. José Garrigos. Domingo Riera. Jacinto Parrollas. Domingo Rodellas. Pedro Labrador. Miguel Cristan. José Capdevila. Jaime Escalera. Juan Nin. José Blanco. José Tallande. José Toll. José Barberá. José Soriano. Francisco Salas. José Martin. Juan Morros. Miguel Ferrer. Francisco Guada. Bautista Camps. Rafael Brobia. Lorenzo Vila. Francisco Peiret. Francisco Ferran. José Benedicto. Juan Ausi.

A seis años de presidio;

Juan Baret. José Colom. Miguel Amigó. Felipe Abadia. Bruno Rueda. Luis Santos. Jacinto Marcos.

A dos años al presidio correccional;

Francisco Royo. Baltasar Martinez.

A un año de reclusion en un castillo al comisario de Guerra D. Manuel Miguel Mellado.

En libertad;

D. José Masanet. Francisco Martí. José Guardia. José Salamich. Francisco Puig. Ignacio Aguó. Antonio Aguó. José Culilla. Juan Amader. Gregorio Amados. José Justiqueras. Manuel Custilleras. Miguel Pujadas. Juan Alemany. Juan Font y Subirach. Lorenzo Lara. Ramon Ruiz. Agustin Cañañas. Francisco Aleian. Juan Alsina. José Carre-

ra. Manuel Alboli. Antonio Vilamara. José Fá-
brega. Francisco Salvat. Vicente Blanquet. Jaime
Anglada. Gregorio Menoton. Juan Nanót. José
Pagés. Pedro Roca. Jaime Villadollesa. Felix Ca-
bát. Dionisio Aleran. Valentin Balieran. Bernardo
Artigas. Antonio Roca. Pablo Perera (padre). Pablo Perera (hijo). Manuel Mercadet. José Sam-
brú. Juan Peix. José Antonio Doménech. Juan
Barbet. Juan Molat. Francisco Mayor. Jaime
Cruijens. Juan Vila. Pdro Ponsa. Juan Fontde-
vila. José Mijloca. Vicente Sans. Francisco Ven-
drell. Pedro Anás. Francisco Justiqueras.

Habria un grande vacío que llenar si antes de
dar fin á este opúsculo se dejase de continuar en
su relato la esposicion que con fecha 5 del presente mes dirigieron á S. A. el Regente del Reino
los ministros responsables, con motivo de los tur-
bulentos sucesos de esta capital. Parece que está
escrita con sangre ; tan terribles y fulminantes son
las ideas que entraña. Dice así;

Serenísimo Sr. :
Cuando toca ya á su término la rebelion que alzando
su bandera en Barcelona pretendia dar principio á una
nueva guerra civil, y hacer imposible todo gobierno, deber es de los ministros á quienes V. A. se ha dignado
honrar con su confianza esponer las medidas que deben
adoptarse en su concepto para que de una vez para siempre cese la agitacion contínua en que los enemigos de la
Constitucion procuran tener á los pueblos.

No creen oportuno los ministros que tienen el honor de suscribir esta manifestacion detenerse en ecsaminar la intensidad de los males que ocasionan tantas reacciones, ni la deslealtad de los sublevados, ni la indignacion con que la nacion respondiendo á V. A. ha rechazado sus proyectos criminales.

Demasiado es conocido todo á la alta penetracion de V. A. que en su magnánima resolucion de salir personalmente á restablecer la paz en Barcelona ha dado á toda la nacion un testimonio auténtico de la impresion que le han causado los sucesos terribles, que de nuevo han ensangrentado las páginas de nuestra historia.

Pero no pueden prescindir del porvenir de la patria que será presa de ambiciosos sin conviccion, sin fe y sin virtudes, ó victimas del espíritu de provincialismo tan arraigado aun desgraciadamente entre nosotros, si con mano fuerte no se adoptan medidas eficaces que contengan á los partidos dentro del círculo de la ley política, que la nacion ha conquistado á costa de tanta sangre y de tantos sacrificios.

Fuertes son los medios de represion que el gobierno estima necesarios; pero legales al mismo tiempo, porque en el profundo respeto á la ley que profesa V. A. nada propondrán los ministros que no sea conforme con la observancia de los juramentos que prestaron.

Justicia, justicia rigorosa sin crueldad y condescendencia es el clamor de los pueblos, este tambien lo es de los ministros. La severidad inflecsible de la ley castigue ejemplarmente á los autores, promovedores y agentes de la rebelion de Barcelona. La ley permite la sustanciacion rápida y escepcional de sus causas. El gefe político publicando el bando cumplió con la ley de 17 de abril de 1821. A los tribunales civiles y militares toca ahora cumplirla por su parte. Los sumarísimos trámites que señala, y la competencia que da á los consejos de guerra son prendas que aseguran que la justicia será prontamente cumplida, y que el castigo de los agitadores servirá de saludable escarmiento á los díscolos y de salud á los pueblos. La M. N. de Barcelona ha hollado la Constitucion y los poderes públicos, ha destruido hasta las leyes que le daban la ecsistencia, ha sobrepuesto la fuerza á la autoridad, ha faltado á todas las condiciones de su institucion. En octubre del año pasado V. A. decretó la disolucion y desarme de la M. N. de Victoria y de Bilbao. Esta medida fue justa y aprobada por toda la nacion, á pesar de que no llegó el caso de que ciegos en su rebelion los conjurados emplearan las armas activamente contra los defensores de la patria. Mas justo y necesario aun es pues hoy el desarme de la Milicia nacional de Barcelona, sin perjuicio de reorganizarla oportunamente, cuando lo permitan las circunstancias. Consecuencia de esta medida es la del recogimiento de armas á cuantos por la ley no estén autorizados para su uso, medida conveniente siempre en medio de las disensiones civiles y que arranca víctimas inocentes al puñal, víctimas espiatorias al cadálso.

Un crímen grave cometido en Barcelona está aun impune. En el año último una junta revolucionaria demolió la cortina interior de una fortaleza de la nacion. Si bien la política no aconseja hoy abrir nuevo juicio para el castigo de los autores de atentado tan escandaloso, la justicia ecsige que á su costa sea reedificada la parte demolida de la ciudadela.

Escandaloso es que una poblacion que por su crecido vecindario y su riqueza puede considerarse como la segunda de España esté tan atrasada en llevar sus capos de hombres para el ejército y sus contingentes de contribuciones para el erario.

Necesario es que las leyes votadas por los cuerpos colegisladoras y sancionadas por la corona tengan entero cumplimiento: grave seria la responsabilidad que contrajera el gobierno si en estas circunstancias se olvidase del primero de sus deberes: la rica Barcelona no puede negarse á pagar lo que ya han hecho las miserables aldeas. El barcelonés no es de mejor condicion que el natural de cualquier otro pueblo para libertarse del servicio de las armas. Agregase á esto que la oposicion á que se llenara la ley de reemplazos ha sido uno de los motivos ó quizá pretesto de la insurreccion.

Debe tambien quedar del todo ejecutada la supresion de la fábrica de cigarros acordada por V. A. teniendo en consideracion los intereses generales de la nacion y del erario. Otra fábrica pública ecsiste que no está bajo la inmediata inspeccion del gobierno, que es la de la moneda, inconstitucional es que continue así, puesto que su acuñacion se cuenta entre las prerogativas de la corona: razones de administracion y economía no permiten su ecsistencia; debe quedar suprimida.

La justicia, la política y el ejemplo ecsigen tambien que los fondos públicos sean reintegrados por los que apoderándose de ellos á la sombra de una rebelion, los han invertido en atizarla ó en su particular provecho. Los ministros que suscriben no dudan un momento proponer á V. A. como necesaria esta medida.

La indemnizacion de los daños ocasionados á los particulares, á las autoridades y á los militares que fieles á su deber se ofrecieron como víctimas en las aras de la patria, y las de los gastos estraordinarios para los movimientos militares deben tambien fijar la atencion de V. A

Las circunstancias que acompañen á la pacificacion deberán influir en el mayor ó menor rigor; y en la estension que se dé á las disposiciones que se adopten con estas medidas, la de restituir á las autoridades el pleno egercicio de sus funciones, sin perjuicio de reemplazar las que hubiesen sido tibias, y castigar las prevaricadoras, creen los que suscriben que Barcelona quedará corregida y la nacion verá cumplidos sus deseos de justicia, de energía y de gobierno. Dios guarde la importante vida de V. A. muchos años para la felicidad y ventura de esta Nacion.

Madrid 5 de diciembre de 1842.—Sermo. Sr.—Miguel de Zumalacarregui.—Dionisio Capaz.—Ramon Maria Calatrava.—Antonio Torres Solanót.—El Conde de Almodovar.

El ministro de la guerra manifestó estar conforme con el dictámen dado por sus compañeros en los términos siguientes;

Mal pudiera yo dejar de conocer la oportunidad del paso dado por mis dignos compañeros y adhiriéndome en todas sus partes á la esposicion, tuve el honor de ponerla en manos de S. A.—Cuartel del Regente en Sarriá 11 diciembre de 1842.—El marques de Rodil.

La comunicacion que este ministro pasó al General Van-Halen á consecuencia de la preinserta esposicion, es como sigue;

Excmo. Sr.: El Regente del reino, que conoce mas que nadie los efectos perniciosos de los desórdenes populares, y que se halla persuadido de la necesidad de castigarlos con mano fuerte para que no se repitan si alguna vez ha de entrar de lleno en el camino de las reformas legales que trae consigo el desarrollo del comercio y de la industria que son las que conducen á los pueblos á la prosperidad y á la riqueza, recibió con la afabilidad que le distingue los votos de sus consejeros, ecsaminó con detenimiento las medidas que la esposicion contenia, conoció que son casi las únicas que pueden dar el resultado favorable de asegurar de una vez para siempre el órden público y el imperio de la ley, y dado su aprobacion al dictámen del consejo de ministros. En consecuencia se ha servido acordar que V. E. lo lleve á egecucion en todas sus partes confirmando al propio tiempo las que V. E. en uso de las atribuciones que la ley le concede dictó en su bando del dia de ayer. Para la indemnizacion de los derechos y perjuicios ocasionados por la insurreccion á las viudas y familias de los militares muertos y de los que quedaron inútiles pertenecientes al ejército para sufragar los gastos del movimiento de los cuerpos del ejército y material perdido y para reedificar el lienzo de la Ciudadela derribado en el año pasado, ha dispuesto S. A. se imponga á Barcelona doce millones de reales que deberá pagar en el modo y forma que V. E. determine. Sensible es á S. A. el haber de dictar tan severas disposiciones, pero la seguridad del Estado y la vindicta pública lo ecsigen así. De órden de S. A. lo comunico á V. E. para su egecucion, previniéndole es la voluntad de S. A. que esta disposicion se publique en la órden general del ejército.—Cuartel del Regente en Sarriá 12 de diciembre de 1842.—El marqués de Rodil.—Excmo. Sr. Capitan General del ejército y principado de Cataluña.

Los barceloneses no pudieron leer sin indignacion un documento que parece ageno de la civilizacion de nuestro siglo. No faltó, sin embargo, quien volviese por su ultrage rebatiendo y pulverizando con maestría y erudicion sus mas notables asertos por medio de un escrito que se vió estampado en el periódico « el *Constitucional* » el dia 16 del mismo mes, y reproducido al dia siguiente, á solicitud de cuantos pudo llegar á su noticia tan brillante impugnacion. Hé aquí sus principales párrafos :

« No es solamente la reedificacion del lienzo de muralla de la Ciudadela, la que ha de gravitar sobre todo el pueblo barcelonés en masa, sino tambien el valor de los efectos militares destruidos ó robados por los sediciosos, es decir, una contribucion de muchos millones repartible entre todas las clases; que el gobierno ha calificado y fallado ya sin oir al acusado; que toda Barcelona en masa es culpable y criminal por los pasados sucesos. Una correspondencia oficial seguida por espacio de diez y ocho dias prueba lo contrario. Y si está ya resuelto un castigo en masa que arruine esta capital sin distincion de inocentes y y culpables, de mas están las comisiones militares y los bandos : ¿ á que buscar delincuentes partiendo del principio de que lo son todos? A un hombre para castigarle le juzga un juez, y el fallo de este es revisado por una sala de justicia compuesta de magistrados instruidos ; hasta en las mismas comisiones militares se necesitan cinco ó siete votos para disponer del destino de una persona ; y para fallar sobre la suerte de la capital de Cataluña, y para disponer de millones , para enterrar en el abatimiento y miseria á ciento cincuenta mil familias, no nos dicen siquiera cuantos votos son menester , ni cual es el juez que nos condena sin proceso.

Para desenlace tan fatal de los sucesos de Cataluña nadie puede entender que objeto tuvo la venida del Duque. En semejantes casos el rigor de las medidas es propio de los ministros , sin que el rigor haga perder de vista la justicia ; la aplicacion de la ley compete á los tribunales ; y la presencia del gefe del estado en los sitios mismos en que se cebaron el crímen y la iniquidad, suele ser siempre un presagio feliz para la humanidad doliente : la mano paternal que ya que no deba embarazar el paso á la justicia , mueve el manto de la clemencia para que como si no se notase se salven entre sus pliegues, los seducidos, los engañados ; el baluarte de la seguridad al cual se dirigen ansiosos todos los pacíficos é inocentes que desean el restablecimiento de la ley con la menor sangre posible , y en el equilibrio de poderes no hay sino el gefe del estado á quien competa tan noble papel. Pero conducir al Regente del reino á las alturas que dominan á Barcelona , para que pudiese contemplar desde ellas , como el castillo

de Monjuí arrasaba ó incendiaba casas y propiedades de ausentes para que se rindiesen los que no
tenian casa ni propiedad alguna , y quitarle despues popularidad y prestigio al hacerle sancionar
con su presencia ese cúmulo de decretos ruinosos,
con los cuales Barcelona en masa queda castigada
y perdida , y el orígen y el resorte de la sedicion
intactos , y sus autores impunes mezclados entre
la masa inocente á la cual se califica sin ecsámen
de culpable , esto parece increible.

Los ministros que tanta prisa se han dado en
decretar el azote contra toda la poblacion barce-
lonesa , debieron hacer presente al Duque que en
los graves sucesos de esta capital han figurado las
autoridades superiores política y militar ; y sin
ocuparnos de si obraron bien ó mal , no puede
dudarse de que ó no hay leyes en el mundo ó su
conducta ha de ser residenciada y calificada tambien ; pues de batalla que se pierde y de plaza
que se abandona debe dar cuenta el que mandare
en ellas. En el solo hecho de no haberse calificado
competentemente á dichas autoridades , ni se puede fallar con seguridad contra toda la poblacion,
ni era prudente hacerlas seguir en el mismo puesto mientras juzgaba la ley , porque la accion de
su mando actual en mil casos se ha de enlazar con
sucesos del 14 y 15 de noviembre y de antes,
sobre los cuales pueda haber lugar á cargos ; y ni

un gobierno justo debe permitir, ni un delegado del gobierno desear, hallarse en el caso de haber de ser juez y parte, acusador y testigo, interesado y consejero. Habíamos llegado á creer que el dia 4 despues de entradas las tropas y ocupado por el general el palacio y por el gefe político su ordinaria morada y oficina, como para desagravio de la ley y reposicion de dichas autoridades, una hora despues dejarian el mando, y que la justicia diria: Si no basta á un particular su solo dicho para justificarse, menos há de bastar á autoridades responsables de la tranquilidad pública: Barcelona desarmada y sometida á la ley vá á ser juzgada, y á la par de ella los que mandaban cuando la ley fué hollada y la sedicion salió victoriosa.

Este era un acto propio de que lo presenciase el Regente: el bombardeo no debió presenciarlo; la historia que celebra el abrazo de Vergara preguntará si á cada bomba contra Barcelona se marcó la direccion «*á la cabeza de tal sedicioso*» como en la flecha que llevaba el rótulo «*al ojo derecho del rey de Macedonia.*» No siendo así habiendo salido de la ciudad dos terceras partes de su poblacion no puede entenderse como el gobierno ó el Capitan General habia de estrañar que los buenos barceloneses que quedaban dentro, sin organizacion, sin directores, sin conocimiento de la verdad , no supiesen ó no pudiesen reaccionar- se ; domar la sedicion y llamar á las tropas, cuan- do el mismo general en mejor posicion con bata- llones aguerridos y leales , dueño de todos los fuertes y cuarteles no sojuzgó la sedicion , y salvé solamente Monjuí, y todo lo demás fué abando- nado, ó entregado por capitulacion. Es claro que tendrá sus razones para alegar en apoyo de su proceder , y sin duda le serán oidas , como y tambien el Gefe Político; pero á la ciudad de Barcelona , á la inmensa mayoría de ella que no es conspiradora ni sediciosa, y que se cree podrá alegar algo en su defensa , se le abrió el sumario con mil catorce disparos , entre ellos 780 bom- bas ; y sin audiencia ni ecsámen para poner á un lado el inocente y en el otro castigar severamente al culpable, se acumulan decretos de reedifica- cion , de indemnizacion , de ecsorbitantes pagos; decretos en fin que son como sus funerales, la disposicion para su entierro.

Los ministros mismos que dicen que esperan que los tribunales castigarán á los promotores del motin , pasan desde luego á aconsejar los castigos que han de afectar á toda la poblacion, y no creen necesario esperar los resultados de las su- marias; ni cuidarán de saber si se han principiado siquiera. ¿Qué tiene que ver la Casa Moneda con la sedicion? ¿Qué significa la fábrica de cigarros?

¿Es no mas porque esta última proporcionaba el pan á centenares de familias? Y la Casa Moneda, si es ilegal, ¿cómo por tantos años habeis permitido y autorizado la ilegalidad? ¿Cómo habeis admitido los millones y millones que ha rendido á beneficio del Estado, con los cuales mas de una vez habeis podido dar rancho al infeliz soldado, á quien no sabiais con que alimentar?

¿Es ejemplo de nobleza y de justicia el que con los decretos dados y otros que se darán sean alejados de Barcelona establecimientos útiles que dan consumo y trabajo en la ciudad? ¡Qué miserable es eso! ¡Ministros de un Regente que dentro poco tiempo, al cumplir la Reina la edad legal, bajará de su asiento, de un Regente á quien la Nacion y nuestros hijos pedirán la comprobacion del inventario con que se encargó del reino, acordaos de la partida en que está notada Barcelona, y con ella Cataluña! Barcelona floreciente, liberal; y ved como la devuelve si sigue vuestros consejos..... atended: no busqueis á Barcelona en la fecha del inventario de España; tiene fechas adelantadas; la hallaréis en el 18 de julio: ya lo sabe el Regente.

A las medidas del famoso consejo de ministros debe añadirse otra: la de un hospicio y hospital capaces de contener treinta mil operarios y jornaleros que á consecuencia de las paternales disposiciones del gobierno quedarán luego pere- ciendo de miseria. Y si la necesidad, la desespe- racion engendran el crímen, prevengan desde aho- ra los ministros un dictámen para castigar como delitos las consecuencias precisas de una ciega crueldad. Hemos de legar á la historia una mues- tra de acierto y de rectitud de nuestro gobierno, de esos hombres que en su dictámen osan profe- rir la palabra justicia. Una familia numerosa y liberal, á los primeros dias de la insurreccion abandonó la capital y se guareció á retaguardia del ejército : al entrar hallaron que dos bombas habian derribado su casa, única esperanza contra su miseria; el reparto de la contribucion la com- prenderá ahora, y la supresion de uno de los dos establecimientos que hemos citado deja en la ca- lle á uno de sus miembros. ¿Qué le hubiera su- cedido de peor á esta familia tomando parte en la sedicion? ¡Y cuantos millares de familias se hallan en casos mas ó menos semejantes!

Dejo á la consideracion de cuantos aspiran por la prosperidad y ventura de nuestra trabajada Es- paña hacer un detenido ecsámen sobre el espíritu y profundidad de ideas que vierte el precedente escrito. El gran jurado español, este juez recto y justiciero, este intérprete religioso de la voluntad de los pueblos dará á su dia un fallo tremendo, irrecusable, que ha de anonadar á los fautores de tamañas desgracias. Con los mas vivos coloridos está trazado el prolongado martirio de un gran pueblo que con lenta y mortal agonía doblegó la cerviz bajo el peso de tan acerbo dolor, esto despues de ofrecerse en holocausto constituyéndose víctima espiatoria! ¡Qué leccion para el hombre!

En un corto período de tiempo la capital de Cataluña ha lanzado por dos veces el tremendo grito que llena de horror y espanto, que hace estremecer á cuantos encumbrados funcionarios pisan las gradas de regios alcázares. En 18 de julio de 1840 hizo bambolear la potestad de una Reina; algunos dias mas y su valimiento, su pujanza, todo cuanto á su lado respiraba pulcritud y belleza fué ajado, escarnecido, sucumbió al furor popular. Sonó la hora en que el destino debia trocar sus dones; fuerza fué someterse á sus decretos. En pago de la iniciativa Barcelona fué recompensada con largueza, se puso en debido lugar el buen nombre y reputacion que á costa de tantos afanes ha podido inscribir en sus mármoles..... Vino el 14 de noviembre de 1842. La revolucion que estalló en la noche de este dia hará memorable su recuerdo por las catástrofes que la consiguieron. Fué una segunda edicion de cuanto pasó en el año 40, pero con un cambio de personages..... Tambien se recompensó su denuedo, su bizarría, cubriendo tanto lauro con una mortaja!!!!

14

El poder y la nada, la bienandanza y el mas abyecto abatimiento. Hé aquí el resultado de las dos revoluciones.

Aquí concluyo con mi tarea, cabiéndome el pensar de que no habré sido quizás feliz en el acierto. He puesto en práctica cuantos medios ha podido sugerirme la imaginacion para huir muy lejos de toda inculpacion y acritud contra personas y contra partidos, considerando que las pasiones políticas en el resbaladizo y escabroso terreno en que las circunstancias han venido á colocarnos, han de enmudecer de todo punto ante el santuario de la ley y de la razon, única égida trás de la cual todos los buenos liberales nos hemos de escudar si queremos arrancar del borde del precipicio lo que á costa de raudales de sangre y sacrificios mil hemos podido obtener y triunfar.

fin.

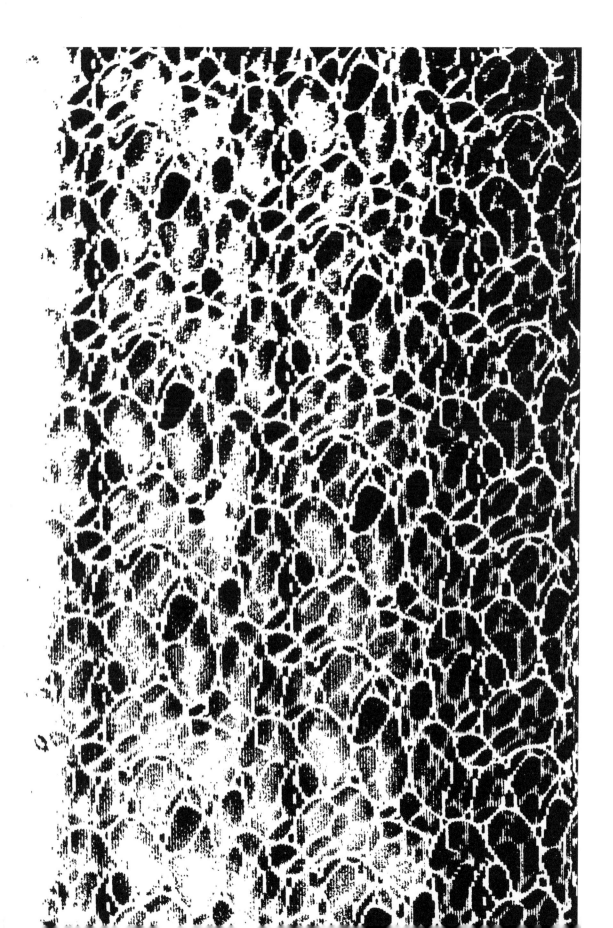

CPSIA information can be obtained
at www.ICGtesting.com
Printed in the USA
BVHW010859300419
546937BV00008B/66/P